MARIO HERNÁN RAMÍREZ

CRÓNICAS DEL AYER: 1934-2023

(CALENDAS TOMO II)

ERANDIQUE

COLECCIÓN

CRÓNICAS DEL AYER: 1934-2023
(CALENDAS TOMO II)
MARIO HERNÁN RAMÍREZ

©Colección Erandique
Supervisión Editorial: Óscar Flores López
Diseño de portada: Andrea Rodríguez—Mariana Turcios
Imagen: Mario Hernán Ramírez en la Escuela Vocacional Técnico
"Marco Carías Reyes" en 1947.
Administración: Tesla Rodas—Jessica Cordero
Director Ejecutivo: José Azcona Bocock

Primera Edición
Tegucigalpa, Honduras—Agosto de 2025

DON MARIO CUENTA HISTORIAS

En esta sala escuché infinidad de historias. El hombre que me las contaba ya no está físicamente, pero su presencia espiritual sigue presente. Lo veo en las caricaturas que le hicieron o en los libros que escribió.

En la mirada de su esposa y en los recuerdos de tantas tardes en las que conversábamos. O más bien, tardes en las que yo preguntaba sobre todo y él contestaba... que también es una forma de conversar.

La casa queda en la colonia San Ángel, a una orilla del bulevar Fuerzas Armadas, a dos cuadras de las oficinas de Tránsito. Allí todavía viven doña Elsa García y Mario Fernando, viuda e hijo del recordado periodista Mario Hernán Ramírez.

Don Mario fue mi mentor moliniano.

También fuimos amigos, a pesar de la diferencia de edad (treinta y ocho años).

Lo he contado varias veces: a pesar de que habíamos platicado varias veces por teléfono, cuando yo lo llamaba para consultarle sobre algún suceso histórico o ciertos personajes —usualmente políticos, militares, escritores o periodistas—, nos comenzamos a convertir en amigos entrañables desde que lo busqué para que me enseñara sobre la obra y vida de Juan Ramón Molina.

A partir de entonces, el Viejo Lobo del Periodismo, Premio Nacional de Literatura "Ramón Rosa" y Premio "Álvaro Contreras" del Colegio de Periodistas de Honduras, me adoptó como discípulo suyo.

En más de alguna ocasión les dijo a otras personas que me quería como a un hijo.

Traté de estar cerca de don Mario cada vez que los achaques propios de la edad hacían de las suyas. Lo vi caer y levantarse en innumerables ocasiones.

"Usted va a llegar por lo menos al siglo de vida", le decía, pero él me respondía que no y que se conformaba con celebrar las nueve décadas de vida.

1

A pesar de las enfermedades (y a los apremios económicos), don Mario trató de conservarse alegre y optimista. También mantuvo intacta la memoria (prodigiosa) y los deseos de conversar.

Escritor incansable, publicó, entre otras obras, cinco Calendas —crónicas del ayer y algo más—, que nosotros hemos condensado en dos tomos.

De esa forma, los lectores podrán realizar un viaje por el pasado de la mano de un narrador extraordinario como lo fue el prolífico escritor.

Los eventos que no vivió, se los contó su madre, de quien heredó ese carácter fuerte, la capacidad de encontrar historias en cada rincón, el amor por la lectura.

Si Calendas Tomo I mantiene la esencia de la obra original, en Calendas II, además de varios relatos, decidimos agregar algunos de los artículos que don Mario escribió en Diario La Tribuna; varios reportajes, los cuentos de Ese soy yo, donde narra sus vivencias dentro de la Escuela Marcos Carías Reyes en 1948, a finales de la dictadura de Tiburcio Carías Andino; los cuentos de El sabor de la pobreza; y Memorias de un periodista, escritas por Elsa de Ramírez, su esposa.

El lector conocerá sobre la famosa quema de Los Corredores (donde hoy está el edificio Midence Soto), los billares y bares de la época, personajes como Lurio Martínez, el doctor Odilón Renderos y Herman Bock, coronel de la Gestapo de Hitler que vivió en Honduras.

"Aunque la piel se arrugue, pero si el corazón y la mente se mantienen jóvenes, no envejece el hombre y morirá joven. Soy feliz, aún con los avatares de la vida, soy realizado y feliz porque Dios me dio más de lo que merezco", le dijo don Mario al periodista Jorge Sierra de Proceso Digital.

Hombre generoso para con los demás, conservó, además del poder del timbre de su voz, la jovialidad que le hizo ganarse tantos amigos. Mantuvo la elegancia para hablar y para vestir, el trato respetuoso y caballeroso, la pasión por Molina y por el periodismo, su amor por Comayagüela.

"No dejo herencias económicas, pero sí les dejo una gran herencia que es la dignidad", le expresó don Mario a la periodista Sara Carranza de Diario El Heraldo.

Sobre Crónicas del ayer (1934—2023), don Mario dijo:

"Son un torrente de anécdotas cortas acumuladas en el curso de una vida que ya traspasó varias décadas de vida, pero que, afortunadamente, con un poco de imaginación y el apoyo invalorable de la lectura permanente, ha logrado traspasar los umbrales del anonimato. Esto que ahora ofrezco son historietas, sucesos de la vida real, que he vivido y, a veces, protagonizado".

Calendas: en entrevista a la periodista Blanca Moreno en la sección DÍA 7 —edición del sábado 24 de abril de 2010—, a la pregunta de que si siempre fue periodista, contestó:

"Hay un pasaje de mi vida que poco me gusta, pero eso es parte de mi historia. Era el tiempo de la Guardia Civil, cuando ocurrió lo de Los Laureles en 1961. Telmo Fálope era el jefe del departamento de Delitos en la Policía de Seguridad y renunció en protesta por lo que pasó en Los Laureles. Entonces me llamó Marcelino Ponce y como yo cubría la Guardia Civil porque me quedaba enfrente de la casa, me dijo:

—Mario, hay una vacante en Delitos contra las Personas y la Seguridad.

Le respondí:

—Pero no soy policía.

Me mandaron a preparar y acepté porque ganaba como 250 lempiras y allí eran 800 lempiras.

De pronto andaba empistolado y fui a Panamá, Washington y Colombia haciendo cursos rápidos de policía. Estuve allí hasta el día del golpe, el 3 de octubre de 1963".

¡Jamás me pude imaginar a mi querido mentor moliniano uniformado de policía!

Lo que sí puedo imaginar, o más bien, recordar, es a mi viejo amigo sentado en el sofá de esta sala donde espero a que doña Elsa —su amada Elsa—, me entregue los libros de donde sacaremos el Crónicas del ayer: 1934-2023 (Calendas Tomo II).

Mario Hernán Ramírez está listo para contarnos más historias a través de este libro. Afina la garganta, aúlla. ¡Es el Viejo Lobo del Periodismo!

ÓSCAR FLORES LÓPEZ/Editor COLECCIÓN ERANDIQUE

PRESENTACIÓN

Ha transcurrido la bicoca de 75 años (1947-2022) y se me ha ocurrido dejar constancia de un hecho histórico en el que, si bien hubo momentos de terror y angustia, es muy posible que ellos hallan servido para templar nuestro carácter y convertirnos en personas de bien, lo que, si es cierto, como humanos hemos pecado inclementemente, con la salvedad de que, a estas alturas de mi vida, posiblemente, mediante el arrepentimiento haya encontrado el perdón divino.

Lo fundamental es que, en la llamada originalmente Escuela Correccional de Menores, fundada en 1935 y posteriormente en 1946 cambió al membrete por el de Marcos Carías Reyes, un connotado hondureño que perdió la vida trágicamente por aquel tiempo.

De esta escuela egresaron también sobresalientes figuras, que con su conducta a su paso por la vida honraron mucho a la patria que los vio nacer, tanto en el orden laboral, militar, político e intelectual, asunto que se corroborará a medida el lector vaya penetrando en el contenido de este libro.

El Instituto Armado de Honduras, en el año de 2025 del presente siglo, arribará a sus doscientos años de existencia y esta institución defensora de la soberanía nacional, enriqueció sus filas con numerosos elementos egresados de la escuela; notables profesionales universitarios también dan fe de la importancia en la rehabilitación del menor, cuando esta se hace a tiempo y son incontables los obreros que también se convirtieron en ciudadanos ejemplares con el correr del tiempo, lamentablemente, la mayoría están descansando en paz; pero todavía quedan por ahí ciudadanos de la calidad de Guillermo Crodington, Álvaro Contreras Dubón, Francisco López Flores, Octavio Lara Romero, Omar Antonio Zelaya Reyes y uno que otro más que se pierde en la inmensidad del mundo, porque buscaron otros países en aras de una mejor calidad de vida y otros se internaron en los terrenos fértiles de la patria amada, alrededor de sus 18 departamentos y de quienes no volvimos a tener noticias.

Esta entrega sale a la luz pública, casi como una necesidad, porque, que nosotros sepamos, quien pudo haber escrito algo mejor fue precisamente el profesor y coronel Roberto Gómez Domínguez

5

quien lamentablemente falleció cuando había emborronado cerca de doscientas páginas vinculadas con este tema, material que se extravió y que posiblemente no se recupere. Hay otro cuadernillo denominado "muros del silencio" escrito por Guillermo Codrington, pero su contenido es limitado. Una obra más completa, pero, relacionada directamente con las sociedades de la cárcel que dirigió Víctor Carías Lindo durante 16 años es la escrita por Salomón Sanabria con el nombre de "La cárcel y mis carceleros" y nada más. Chico López Flores me informó que a sus 94 años está preparando también un libro similar; ojalá tengamos la oportunidad de leerlo.

"Ese soy yo" es algo así como un recuento no solo de la experiencia vivida durante 2 años, de 1947 a 1949, en dicho reformatorio, que lamentablemente fue clausurado durante el gobierno del doctor Juan Manuel Gálvez en 1951, lamentablemente, decimos, porque si hubiese seguido funcionando, a estas alturas, insistimos, nuestro país no estaría envuelto en el trágico remolino de las llamadas "maras" o "pandillas" de indeseables jóvenes que tanto daño le están causando a la sociedad.

Este trabajo fue concebido en los momentos más álgidos por los que atraviesa nuestro país, merced a una serie de contratiempos que como es lógico perjudican el bienestar de todo el mundo: la "bendita" pandemia de 2019 que a estas alturas ha rebrotado acompañada del dengue que también está haciendo estragos; la guerra entre Rusia y Ucrania y el cambio sorpresivo de gobierno, en el que por primera vez en la historia de nuestro país una mujer rige sus destinos, con el agravante de que la arcas del Estado se encuentran completamente vacías, por los descomunales asaltos al erario nacional de anteriores gobiernos; el cambio climático, fenómeno que se está viviendo en carne propia alrededor del globo es otro fenómeno que cada día nos flagela más y finalmente, las caravanas de hondureños emigrando masivamente hacia otros países, sobre todo a los Estados Unidos de Norteamérica, teniendo que cruzar Guatemala y México para llegar a esa nación en la cual encuentran una barrera inexpugnable, con las lamentables consecuencias que ya suman decenas de muertos por diferentes causas durante su trayectoria.

Sin embargo, reiteramos que nuestro propósito es contribuir con un granito de arena al enriquecimiento de la bibliografía nacional, digo "granito de arena" porque destacados hombres de letras

Q.D.D.G. como Juan Ramón Molina, Ramón Amaya Amador, Medardo Mejía Pagoada, Rafael Jerez Alvarado, Juan Ramón Ardón, Víctor Cáceres Lara, José Reina Valenzuela, Antonio Ochoa Alcántara, Felipe Elvir Rojas, Eliseo Pérez Cadalso, Longino Becerra, Víctor Meza, Rafael Heliodoro Valle, Ernesto Alvarado García, Ángel (Pachán) Raudales, Marco Antonio Rosa, Mario Felipe Martínez, Ramón Oquelí Garay, Matías Fúnez Valladares y muchos más han escrito valiosísimos documentos convertidos en libros que dan fe de relevantes hechos históricos como son los libros escritos por Rafael Leiva Vivas, Noé Pineda Portillo, Jesús Evelio Hinestroza, Nahúm Valladares, Segisfredo Infante, Rolando Sierra Fonseca, Ismael Zepeda Ordóñez, José González, Miguel Cálix Suazo, Mario Argueta, Julio Escoto, Juan Ramón Martínez, Oscar Armando Valladares, etc., nos dejan un conmensurable material histórico que sin duda en los próximos quinientos años servirán para enriquecer la enciclopedia histórica de Honduras con la participación de mujeres valiosas como Emma Bonilla de Larios, Carmen Fiallos Tábora, Adylia Zavala Cárcamo, Irma Leticia Silva de Oyuela, Elvia Castañeda de Machado, Lucila Gamero de Medina, Argentina Díaz Lozano y más acá en el tiempo Aida Castañeda, Helen Umaña, Xiomara Cacho Caballero, Blanca Moreno, Anarella Vélez Osejo, Diana Vallejo y, otras sobresalientes figuras del feminismo hondureño que han descollado precisamente por su talento al servicio de la literatura y la historia. (PRÓLOGO DE MARIO HERNÁN RAMÍREZ EN MEMORIAS DE UN PERIODISTA).

El año de 1912, marca para la humanidad y particularmente para Honduras dos hechos de mucha relevancia. En Europa, el hundimiento del Titanic, el más fastuoso, elegante e increíblemente indestructible trasatlántico, que saliendo de Inglaterra se lanzó mar adentro rumbo a América, cuyo destino era Nueva York, sin haber podido llegar. Por cuanto en medio del camino, un gigantesco bloque de hielo que se había desprendido del Polo Norte, terminó con la existencia de este coloso que estaba destinado a impresionar al mundo entero.

En Honduras, este año 2012, se conmemoró una centuria, un siglo, cien años de fundación de uno de los clubes deportivos que más fanáticos o hinchas tiene a su favor; el club deportivo de balompié Olimpia Deportivo, conocido como el León. Este gigante del deporte nacional celebra también su primer centenario de fundación, en medio del júbilo y los grandes preparativos que su dirigencia hace desde el 1 de enero hasta el 31 de diciembre, o sea los 366 días del año, porque ese año fue bisiesto.

Pues bien, con el preámbulo anterior, iniciamos la presentación de cuatro episodios de la vida real, escritos a manera de historia, cuento o simplemente un relato, que no es más que el testimonio de algunos protagonistas o las vivencias de otros que ya dejaron este mundo. Son tres capítulos apasionadamente escritos, para que el lector se deleite e incluso haga sus propias conjeturas y por qué no, críticas al contenido de este trabajo.

El primer capítulo: El sabor de la pobreza es un drama que nos deja ver claramente no solo la existencia de quienes participan como protagonistas del mismo; sino de lo que a diario ocurre en una gran cantidad de hogares de este país, residentes en mesones, cuarterías o simplemente en casas de cartón, a veces protegidas por dos o tres láminas que se encontraron por allí, para salvarse de la lluvia o de los rigores de las noches frías de la temporada gélida de esta parte del continente. Es una narración, con ribetes de crueldad, que cala intensamente, porque cada expresión, cada palabra, cada letra está escrita con sangre, sangre de la miseria en que vivimos una gran cantidad de hondureños. Ese es "el sabor de la pobreza".

En seguida el autor nos deleita con otra historia real, titulada: Los cerditos de la tía María, una bella crónica que tiene por escenario uno de los puntos más ensoñadores con que la naturaleza ha dotado a nuestra Honduras, sitio conocido como "Kilómetro 17", a inmediaciones del bello puerto de Tela, en la costa atlántica de este hermoso jirón de tierra.

Cuenta la historia de alguien que llegó en plan de vacacionar en aquél paradisíaco lugar; sin sospechar ni remotamente que su estadía en ese sitio, marcaría una huella de singular importancia, pues además de haber protagonizado lo que en el relato se detalla, dejó un ejemplo, o una lección que sirvió de mucho a las generaciones posteriores.

Este personaje no era precisamente gente de campo o de tierra adentro, sino más bien, nacida y creada en la ciudad; por lo que su actitud sorprendió mucho más a quienes fueron testigos fieles de lo que vieron y admiraron, en un proceso que duró aproximadamente quince días. La manada de cerdos había escapado, más bien habían como huido del cerco que los acorralaba, para internarse en el monte y ya convertidos casi en animales salvajes, volvieron a la casa de donde habían escapado.

Solo el ingenio, el talento y la voluntad suprema de ganarse la simpatía de los propietarios de la finca en referencia, pudo hacer posible semejante milagro, que a todos sorprendió.

El tercer capítulo: Nacido en El Inventario, es algo así como un pasaje que se remonta a sesenta años. Seis décadas de ausencia del terruño amado en que sembró su ombligo el protagonista de este otro emocionante capítulo. Hay también escenas desgarradoras, porque volver a la tierra que lo vio nacer a uno, tres décadas después, y no encontrar rostros conocidos, ni amistades, ni familiares, ni nadie con quien cambiar impresiones sobre tan largo período es lamentable.

No obstante, nuestro hombre sobreponiéndose a todo, increíblemente casi como un milagro en cuestión de horas, logró ganarse la confianza y la simpatía

de los habitantes de El inventario, que cuando él lo abandonó, apenas era un caserío de quinientas a seiscientas personas, para regresar encontrando una comunidad totalmente diferida, ya que en la actualidad su población sobrepasa los seis mil habitantes; consagrados eso sí, como siempre, al trabajo redentor que enaltece y honra a quienes lo practican con honestidad y transparencia.

Nuestro amigo de Nacido en El Inventario, ya no está con nosotros, pero su espíritu, como que se agiganta, porque haber vuelto a El Inventario, tanto tiempo después en compañía de algunos de sus hijos, es como un misterio que jamás lograremos descifrar; pero que sí encierra en el fondo mucho de historia y fantasía, ya que este lugar está allí, existe, puede verse y palparse en las cercanías de la augusta y señorial San Marcos de Colón, en el ardiente departamento de Choluteca, cuna del sabio don José Cecilio del Valle.

Y cerramos con el cuarto capítulo con el tema: La maldición negra, desgarrador episodio, en el que una madre profundamente herida, viaja desde La Ceiba, hasta Tegucigalpa, sin haber jamás visitado la capital, para conocer la situación de su vástago, quien fue víctima de una brutal intriga, en la que la policía se ensañó en la humanidad del negro Sebastián, en una forma tan descomunal y deshumanizada, que el hombre prácticamente quedó moribundo, a no ser por su contextura y la natural resistencia de esta etnia que es muy superior a la del resto del mundo.

Pero, Sebastián, a los pocos meses falleció, pues la golpiza que le propinaron lo mantuvo encamado por algún tiempo hasta que la muerte se apiadó de él y alzó vuelo al más allá. Razón por la cual, su madre quien desde el Litoral Atlántico hizo viaje a la capital, conociendo la despiadada situación de su hijo, no hizo más que elevar sus manos al cielo y exclamar con profundo dolor que los autores de esta salvaje injusticia, tenían que pagar con creces su desnaturalizada acción.

Con estas apreciaciones, confiamos en que el lector habrá de formarse una idea del contenido claro y preciso de esta obra, que no es más que otro ensayo puesto al servicio de la bibliografía nacional, con un solo propósito, deleitar a quienes nos lean. (PRÓLOGO DE MARIO HERNÁN RAMÍREZ EN ESE SOY YO).

LA TEGUZ DE LOS AÑOS CUARENTA

Esta historia se remonta a la Tegucigalpa de los años cuarenta, cuando sus ríos todavía caudalosos permitían a los capitalinos ver, serpentear sobre sus aguas cristalinas los peces de diferente naturaleza que abundaban sobre todo los llamados "congos", chacalines, cangrejos, anguilas y por supuesto los conciertos vespertinos que los Sapos y las ranas ofrecían a los transeúntes en los bajos del Puente Mallol, justo en el sitio donde se unen las aguas del río Chiquito y el río Grande al que Juan Ramón Molina cantó con devoción juvenil y amor al terruño que lo vio nacer.

Setenta y cinco años significan tres generaciones, que han visto la transformación radical de esta Tegucigalpa a la que el poeta cubano, Joaquín Palma le cantara como muy pocos hondureños lo han hecho, allá por 1880 … "bella, indolente y garrida, Tegucigalpa ahí asoma como un nido de paloma en una rama florida…".

Era la época de los regímenes de fuerza con tintes de dictadura sometidos sus pueblos a sus caprichos por lo que en estos países se puso de moda el eslogan de encierro, destierro y entierro. Con don Tiburcio Carías Andino en Honduras, quien junto a Anastasio Somoza García en Nicaragua, Maximiliano Martínez Hernández en El Salvador, Jorge Ubico en Guatemala, además de la Revolución de Pepe Figueres en Costa Rica con los llamados Legionarios del Caribe que era una fuerza revolucionaria integrada por hombres intrépidos de diferentes países de América Central, Cuba y República Dominicana, que cambiaron totalmente la imagen de ese pequeño gran país de la región, que culminó con la supresión del ejército o Fuerzas Armadas de esa nación que colinda con Nicaragua y Panamá.

Recientemente (1945) había finalizado la II Guerra Mundial que dejó como saldo alrededor de 80millones de personas muertas que habían participado en este escandaloso conflicto bélico, iniciado por Adolfo Hitler en Alemania, con la idea de apoderarse del mundo entero.

Era, en fin, el período en que las compañías bananeras establecidas en la región norte de nuestro país, hacían y deshacían a su antojo ante la vista y complicidad del gobierno hondureño que de esa manera logró prolongar su régimen durante largos dieciséis años, hasta que en 1948, anciano y cansado del poder público decidió entregar el gobierno a su ministro de guerra, marina y aviación, abogado Juan Manuel Gálvez, el que, para suerte de Honduras cambió totalmente las reglas del juego abriendo las cárceles, las fronteras patrias, cerrando los cementerios y permitiendo entre otras cosas, la absoluta libertad de prensa y locomoción por todo el país. Es el año en que nacen dos periódicos diarios, El Pueblo como órgano oficial del Partido Liberal y El Día que patrocinaba la candidatura del doctor Gálvez; aparecen también una red de emisoras radiofónicas, desapareciendo así el monopolio que hasta entonces habían tenido en Tegucigalpa H.R.N., del señor Rafael Ferrari García y H.R.A., La Voz de Lempira del señor Andrés Rodríguez (dicho sea de paso, padre del actual Cardenal Oscar Andrés Rodríguez Maradiaga); es preciso señalar también, que durante la época del caríato solamente circularon dos periódicos, Diario Comercial que se editaba en San Pedro Sula, como vocero de las compañías bananeras y La Época que era el portavoz del Partido Nacional, en el poder.

Es el tiempo en que Ramón Amaya Amador escribe su célebre novela Prisión Verde, Matías Funes su Rosa Náutica, Carlos Izaguirre publica Bajo el chubasco, Marcos Carías Reyes, La Heredad y otros hondureños de inquietudes literarias en el exilio, como Medardo Mejía Pagoada, Ventura Ramos Alvarado, Longino Becerra que era un jovenzuelo, además de Alfonso Guillén Zelaya, realizaban sus trabajos generalmente en la ciudad de México, D.F.

Juan Manuel Gálvez Durón asume la presidencia de Honduras el 1 de enero de 1949 e inicia inmediatamente los cambios que el pueblo reclamaba, algunas veces en voz baja, por temor a las represalias del gobierno anterior y en más de una oportunidad a mandíbula batiente como ocurrió el 4 de julio de 1944 en Tegucigalpa y el 6 de ese mismo mes con el resultado de la tristemente célebre masacre en la ciudad de Los Laureles, San Pedro Sula, orgía sangrienta que se realizó en horas de la tarde de esa fatídica fecha.

Eran los tiempos en que los capitalinos nos embelesábamos admirando la estructura arquitectónica del Mercado Los Dolores, construida entre 1921 y 1924 y que era una verdadera joya para la primera ciudad de Honduras; en esa misma época veíamos con agrado el demolido edificio que albergó el Banco de Honduras por muchos años y que era una arquitectura europea, construido posiblemente por Augusto Bresani; muy cerca de ese histórico inmueble quedaba el almacén La Samaritana, exactamente frente al monumento del general Morazán en el Parque Central, edificio de piedra rosada, que con su estructura embellecía el centro de Tegucigalpa y que también fue demolido para levantar en su lugar una gigantesca mole de ocho o diez pisos, sin ningún atractivo. Igual ocurrió con el sitio donde funcionó el Banco de Honduras donde de igual forma se construyó otro mamotreto sin ningún perfil atractivo.

Vivimos la época en que en el barrio La Plazuela, uno de los más antiguos de la muy noble y augusta Tegucigalpa tenía como atractivo principal la llamada calle de Los Horcones, cuyas casas lamentablemente fueron destruidas. Nuestra capital que talvez rondaba los doscientos mil habitantes, contaba solamente con cinco salas de cine, tres en el centro: Variedades, Clamer y Pálace y su gemela Comayagüela con el Apolo (Moderno) y el Hispano. Los autobuses del servicio urbano que eran muy pocos, tenían una sola ruta que se extendía desde el hospital San Felipe hasta el lugar conocido como La Chanchera, en el barrio La Granja de Comayagüela y tales máquinas allá por 1938 fueron traídas por el empresario José Arturo Ochoa y bautizadas con los nombres de La Ñata y El Expreso, mismas que después fueron vendidas al empresario sampedrano Roberto Fasquelle, quien aumentó la flota y apareció un competidor de origen nicaragüense llamado Gonzalo Ramírez; posteriormente se fue ampliando el circuito y don Ernesto Paz Alvarado puso en circulación cinco nuevas unidades, al tiempo que hacía viajes expresos hacia las ciudades de Danlí, Yuscarán y El Paraíso en el departamento del mismo nombre.

Por ese tiempo apareció también el primer empresario con viajes al exterior, con su autobús conocido como La Preciosa quien viajaba hasta la ciudad de México y allá se desplazaba hasta los puertos de Veracruz y Acapulco, era don Rubén Laínez.

La capital de Honduras era posiblemente la más pequeña de la región, pues hasta donde recordamos su extensión geográfica se limitaba a los barrios La Ronda, La Plazuela, La Hoya, Guadalupe, Morazán, El Olvido, El Jazmín, barrio Abajo, La Leona, La Concordia, Buenos Aires... y una que otra residencia en los alrededores de El Picacho; esa es la Tegucigalpa de los años cuarenta, período en el cual se celebró con la pompa del caso el I Centenario del fusilamiento del héroe epónimo de Centroamérica general Francisco Morazán Quesada, en 1942, año en que se le cambió el nombre al departamento de Tegucigalpa, precisamente por el de Francisco Morazán, se bautizó la 6ta. Avenida de Comayagüela con el nombre del héroe y algunas escuelas, colegios, parques y otros centros culturales, también fueron membretados con el relevante nombre del Paladín.

Por aquellos lejanos tiempos Tegucigalpa se distinguía por la "tronadera" de los pitos o sirenas de algunas empresas mercantiles y otras del gobierno como por ejemplo la Cervecería Tegucigalpa, la fábrica de jabón y velas La Económica, la de igual rubro La Equitativa, El Telégrafo Nacional, La Empresa de Agua y Luz Eléctrica, con cuyos silbatos se anunciaba las horas de entrada y salida a los trabajos, desde las siete de la mañana hasta las ocho ante meridiano, 12 meridiano, 1 y 2pm hasta las cinco de la tarde; habían relojes grandes en algunos edificios públicos comenzando por el antiguo de la Catedral Metropolitana, en el Hospital General San Felipe, en las escuelas Lempira y República Argentina, en el edificio de la Logia Masónica, Correo Nacional y otros como Cantero y Toño Rosa, porque a decir verdad en aquella época venían directamente de Suiza los famosos relojes Bulova, Hamilton, Rolex y Omega, cuyos costos eran sumamente elevados y solamente la gente rica los portaba, lo que quiere decir que andar reloj era un lujo y los gorgueras o aristócratas de la época usaban sombrero, chaleco, saco, por supuesto pantalón y la mayoría usaban bastones de lujo y los chalecos portaban relojes de bolsillo llamados leontina; los Diputados al Congreso Nacional durante sus sesiones extraordinarias vestían elegantemente pantalones rallados, leva larga, por supuesto chaleco y sombreros de copa alta; sesionaban en un viejo caserón cuya construcción se remontaba a mil ochocientos y algo, ubicada donde actualmente se yergue el Palacio Legislativo o Congreso Nacional de la República. Frente a ese viejo caserón viniendo del puente Mallol se observaba una serie de casuchas antiguas, entre las que se distinguía unas que decían habían servido de oficinas al general Francisco Morazán y en los bajos del viejo caserón aludido había un destacamento militar con el nombre de La Artillería, que después se llamó Escuela de Cabos y Sargentos.

Era la época en que las procesiones fúnebres recorrían las principales calles de Tegucigalpa y Comayagüela a pie y con una gran concurrencia, los familiares y amigos de los difuntos cargaban en hombros los ataúdes hasta el Cementerio General, no sin antes pasar por algunas de las iglesias donde repicaban las campanas como dándole el último adiós al finado.

Contaban nuestras abuelas que en más de una oportunidad les agarraba un aguacero en el camino, el que por supuesto bañaba el ataúd y el muerto revivía, considerando tal fenómeno como una enfermedad llamada catalepsia, lo que como es natural provocaba la sorpresa de los acompañantes y más de alguno salía en barajustada creyendo que se trataba de un azoro.

Hablamos entonces de aquellos días en que en Tegucigalpa no existía un Cuerpo de Bomberos profesional, que apagara las llamas de los incendios que esporádicamente se formaban en la capital; verbigracia con el pavoroso incendio del desaparecido cine Hispano en abril de 1944 pereció una gran cantidad de personas víctimas del fuego y la falta de auxilio de un cuerpo que pudiera socorrerlos. No fue sino hasta en 1955 cuando durante el gobierno de don Julio Lozano se fundó el primer cuerpo profesional de apaga fuegos, bajo la dirección del general Pompilio Aguiluz Mena, con la asistencia de los recordados ciudadanos Oscar Rodríguez Gómez, Taufik Simón, Cristóbal Ríos, Asdrúbal Varela Lanza y otros hondureños que se integraban a la reciente institución, hoy conocida y respetada como una de las más importantes a nivel nacional, porque no solo sirven en el área urbana, sino que también son los principales centinelas de los bosques hondureños que aun así siempre son víctimas de los perversos compatriotas que no les importa el porvenir de sus hijos, nietos y demás descendientes que sentirán los rigores de la falta del agua y el oxígeno que produce el bosque.

Por muchos años tuvimos la oportunidad de ver y admirar a ciudadanos como el profesor Toribio Bustillo, doctor Jorge Fidel Durón, abogado Eliseo Pérez Cadalso, profesor Joaquín Bográn Fiallos, el de igual título José Zerón h., el maestro del deporte Lurio Martínez y algunos otros ciudadanos distinguidos que a su paso por las calles de la vieja Tegucigalpa saludaban a diestra y siniestra rindiéndole el sombrero a cualquier parroquiano que le dijera adiós. De esa estirpe ya solo queda el recuerdo, pues ahora la mayor parte de la gente pasa desapercibido a los demás transeúntes.

Hablando de los incendios recordamos un tanque cisterna que tenía la municipalidad, el cual servía para regar agua en las principales calles polvorientas de aquella época y cuando se presentaba algún incendio era el único auxiliar conque contaban ciudadanos como Tomás Martínez (Kakita), Terencio Z. Amador, Natalio Quílico y otros patriotas que participaron heroicamente en conflagraciones como la del restaurante y aplanchaduría Lastra, Farmacia Unión, El Mundo Elegante, el propio cine Hispano, Bazar Unión y más acá en el tiempo en la Dirección General de Aduanas, Cuartel General de la Policía Nacional, Mercado San Isidro y el edificio Los Corredores de la familia Midence Soto.

Por aquél tiempo admirábamos la presencia de personajes como el doctor Alejo Lara Lardizábal que desde el centro de Tegucigalpa llegaba hasta su trabajo en el recién fundado Centro de Salud Alonso Suazo, recorrido que hacía de ida y regreso a pie, subiendo toda la cuesta de La Isla, lo que le dio la ventaja de haber fallecido a la edad de 103 años; también era muy común ver al arquitecto Fernando Pineda Ugarte con su característico casco de explorador, bajar y subir la cuesta de Buenos Aires, todos los días, hasta su lugar de trabajo en el centro, a pie, lo que le valió haber alcanzado la respetable edad de 100 años; contemporáneamente hablando otro de esos ciudadanos distinguidos de la capital que casi nunca usó coche para su traslado desde la colonia Miraflores hasta su bufete en el centro de la ciudad, era el abogado Miguel Rodrigo Ortega quien dejó de existir a la respetable edad de 99 años, y por qué no recordar a nuestro dilecto amigo periodista y escritor Enrique Gómez que también desde la colonia Quesada hasta la redacción de diario El Día realizaba su jornada a puro "pincel" y Quique como cariñosamente le llamábamos o "El Bambino de Oro" como le decían las muchachas periodistas de su tiempo, por su exquisita simpatía sobrepasó los 90 años.

Vienen a mi mente, los recuerdos de los fogones construidos de ladrillo rafón y barro, lo que le daba una consistencia sólida para resistir los trabajos a que eran sometidos los mismos; pero también, había en los solares de aquellas antiguas casas los llamados hornos que servían para preparar exquisitos panes elaborados generalmente con manteca de cerdo; estos fogones y hornos eran alimentados con leña de ocote y de roble que se vendía en las pulperías de los barrios citadinos a tres centavos el de roble y dos el de ocote, por lo que con cinco o diez centavos podían cocinar nuestras amas de casa todo el día. Era una bellezada saborear aquellas deliciosas tortillas en bombadas que desde muy temprano las cocineras preparaban para los desayunos, las que eran cocinadas en comales de barro, así como se cocinaban también los frijoles en ollas del mismo material y los sartenes de igual forma, casi toda esta artesanía provenía de Ojojona, F.M., y hasta hubo una señora de gratos recuerdos que comercializó esta industria del barro con el nombre de "Típicos Ojojona", llamada Guillermina Cerrato de Díaz Zelaya (la famosa Tía Mina).

En los años veinte, contaba mi madre, habían llegado a Tegucigalpa unos inmigrantes italianos conocidos como los hermanos Rossoto, quienes montaron un taller de mecánica en el que entre otras cosas comenzaron a fabricar estufas de hierro, las que funcionaban con leña y tenían unas enormes chimeneas, para lo cual también existía un personaje a quien todos llamaban "Motión" y que el "Tío Margarito", el escritor Toño Rosa en uno de sus gustados artículos de antaño recuerda pormenorizadamente, porque era el hombre que se encargaba de limpiar las chimeneas y como consecuencia lógica, toda la vida andaba lleno de hollín su cuerpo y su ropa, sabrá Dios como resistía aquel estigma, porque no usaba mascarillas ni guantes.

Posteriormente llegaron las estufas de gas, de las cuales recordamos a finales de los años cincuenta a nuestros buenos amigos René Durón y Roberto Abadie quienes fueron los primeros en traer a Tegucigalpa las hoy famosas estufas Tropigas; habiendo vendido el negocio a una empresa fuerte y dedicados ellos a otros menesteres; René Durón, se fue para Comayagua y se hizo de tierras y ganado, por lo que se convirtió en uno de los grandes productores de leche, Roberto en cambio, terminó su carrera de ingeniero civil e ingresó al benemérito Cuerpo de Bomberos hasta llegar a ser su Comandante con el grado de General.

Más acá en el tiempo aparecieron las estufas eléctricas, las que naturalmente eran compradas por la gente adinerada, ya que era una verdadera novedad aquel artefacto que trajo consigo las refrigeradoras, neveras y toda una gama de electrodomésticos que desplazaron a las fábricas de hielo y otras empresas dedicadas a este rubro.

Aquí es preciso recordar también, los automóviles de la época, cuando Tegucigalpa comenzó a llenarse de estas máquinas, por lo que hubo que comenzar por organizar la Policía de Tránsito, cuyos agentes se colocaban en las esquinas de la ciudad, protegidos del sol y de la lluvia con unos paraguas de gran tamaño que obsequiaba la empresa Coca Cola, así prestaban ellos este servicio a la comunidad. La General Motors Co., enviaba desde Inglaterra y Estados Unidos los lujosos Cadillac, pero también distribuían los Buick, Pontiac y Chevrolet y naturalmente los camiones GMC; por su parte, la HIASA – Honduras Automovilística, S.A., traía los no menos lujosos Lincoln, Mercury, Ford y sus famosos camiones y autobuses de la misma marca; asimismo por las calles de Tegucigalpa se deslizaban lujosamente los Packard de mucho lujo que distribuía la Empresa Álvarez; las camionetas Willys y los Jeep de los hacendados eran comercializados por la firma Walters Brother's; en ese tiempo también aparecieron unos carros en forma de avión conocidos con el nombre de Studybecker, de igual forma rodaban por las calles de Tegucigalpa autos de la marca Chrysler, Mustang y otras con membretes europeas y norteamericanas.

No fue sino después de la II Guerra Mundial cuando EEUU principal fabricante de automóviles para el mundo le concedió patentes y privilegios al gobierno japonés en desagravio por el desastre de Hiroshima y Nagasaki, por lo que los japoneses con esa inteligencia excepcional de que han sido dotados, comenzaron la fabricación de modernos automóviles e inundando al mundo de Toyota y Mitsubishi. Alemania por su parte lanzó los famosos Volkswagen y el Mercedes Benz.

En Tegucigalpa y por supuesto Comayagüela nuestra dulce, heroica y señorial, cuna de los grandes poetas que ha parido Honduras, también circulaba el automóvil marca olds móvil, pero era el período en el que aún se observaban las carretas haladas por dos bueyes, las que además de leña cargaban arena y hasta los chunches de las casas de la gente pobre de un lugar a otro. Los campesinos montaban burros, machos y otras bestias de carga en las que vendían leche proveniente de las haciendas de los alrededores de la ciudad; en fin, era muy lindo ver desfilar a nuestras "inditas" descalzas con fustanes largos, llegar a la ciudad desde las aldeas La Cuesta, Soroguara y otras cercanas vendiendo cuajada fresca y mantequilla rala en guacalitos de jícaro a diez centavos la porción.

En los bajos del Puente Carías funcionaba el Rastro Municipal o matadero, hoy Procesadora de Carnes, lugar hasta el que desde las cuatro de la madrugada que comenzaba el destace hacían filan los bolitos de aquella época para beber sangre de las reses que sacrificaban, porque decían que aquello les devolvía fuerza y vigor para continuar la parranda. Ese edificio posteriormente sirvió de colegio y después desapareció misteriosamente. Muy cerca del lugar mencionado se encontraba el parque Colón con una enorme estatua en lujoso pedestal del audaz navegante descubridor de América y el parque rodeado de árboles de eucalipto, el que poco a poco fue invadido, primero por los borrachitos y enseguida por los vendedores ambulantes y a medida la ciudad crecía se llenó de achines con ventas de toda clase, hasta llenar la zona de mercados con el San Isidro que es el más emblemático porque su construcción data de 1800 y algo, mismo que ha sido víctima del fuego en tres o cuatro oportunidades durante su existencia, el Lagos Galindo, Las Américas, Álvarez y otros que hicieron del comercio informal su principal fuente de trabajo, hasta tomarse de lleno la primera calle de Comayagüela que del puente Mallol conduce al Cementerio General, cubriendo también algunas avenidas, especialmente la quinta y la sexta, arterias viales que hoy son hervidero de gente vendiendo y comprando todo lo que se ofrece.

Esa es la Comayagüela de los alegres años "XX" de que nos habla el licenciado y escritor, profesor Santos Juárez Fiallos, al que le agregamos nosotros los treinta, cuarenta y cincuenta que comprenden nuestra infancia, adolescencia y juventud.

Aquí hacemos énfasis en que personajes de la categoría de Guadalupe Ferrari de Hartling, dicho sea de paso, esposa del autor de la música de nuestro Himno Nacional; Marco Antonio Rosa el "Tío Margarito", Daniel Laínez y más acá en el tiempo Raúl Lanza Valeriano, Eliseo Pérez Cadalso, Víctor Cáceres Lara, José Reina Valenzuela, Antonio Ochoa Alcántara, Armando Cerrato Valenzuela, Alonso Brito y honorables mujeres como Elvia Castañeda de Machado, Irma Leticia Silva de Oyuela, Carmen Fiallos Tábora, Aída y Cristina Castañeda; Adylia Zavala, Carolina Alduvín, Ivonne Tabora, Blanca Moreno, Elsa Ramírez y otras de ejemplar talento han enriquecido con sus obras el folclore, la tradición, la cultura, las artes y la literatura en términos generales de nuestro país.

CUANDO NOS TOCÓ DESPEDIR A AMAYA AMADOR

"Moncho", como cariñosamente le llamábamos sus amigos, dispuso liar sus bártulos rumbo a Europa, en 1959, posiblemente en el mes de abril de aquel año.

Jorge Figueroa Rush, José María Espinoza, Salvador Turcios h., Matías Funes y el autor de estas líneas, asistimos al último piso de la residencia de don Yanuario Landa Blanco, que tenía frente al edificio principal de la Casa Comercial Rivera y Cía., en el propio corazón de Tegucigalpa.

En esa casa tenía su residencia Ramón Amaya Amador, el autor de Prisión Verde, Constructores y otras afamadas novelas, que incluso han sido traducidas a varios idiomas.

La esposa de "Moncho", una guapísima "gaucha" llamada Margarita, con sus pequeños hijos, había preparado para la ocasión de la despedida una suculenta y deliciosa barbacoa, estilo "churrasco", la que, saturada con exquisitas bebidas espirituosas, constituyó una verdadera comilona, pues los invitados nos hartamos hasta más no decir.

Casi todos los arriba citados laborábamos en el Diario El Cronista, decano de los periódicos de Honduras por aquel entonces, y en ese matutino logramos cultivar una hermosa amistad, que todavía a estas alturas se recuerda con cariño y añoranzas.

Entre chistes y libaciones logramos penetrar por mucho tiempo en conversaciones que tenían de todo.

Don Chema nos hablaba de Soledad, en El Paraíso, de su señor padre, Agatón Espinoza, que fue alcalde del pueblo.

Matías, en cambio, nos recordaba escenas pintorescas de las minas de la Rosario, en San Juancito, en donde laboró por algún tiempo y por lo cual escribió su aplaudida novela Oro y Misera: las minas de El Rosario, además de Rosa Náutica, Levando anclas y El Serio.

Por acá escuchábamos atentamente a SALTUR, que revivía sus años de infante en El Salvador, en donde había nacido. De sus andanzas como galán de su época, a comienzos de los años 30 del presente siglo.

21

En fin, Jorge, de los más jóvenes del grupo, nos contaba sus aventuras cuando se inició en la radiodifusión en San Pedro Sula y traía a cuentas el nombre de Otoniel Peña y otros cubanos de aquella época que ingresaron a Honduras en busca de fortuna.

De repente hablaba "Moncho", que era un tanto cauto, prudente, noble hasta la temeridad, y en sus intervenciones contaba pasajes de la vida real en los campos bananeros de la costa norte, sobre todo los cercanos a Olanchito, como los de Coyoles Central y otros adyacentes.

Nos refería la forma en que había concebido algunas de sus novelas y la inspiración que le causaba el amor hacia su esposa, sus hijos, Honduras, la humanidad. Así era Moncho Amaya Amador.

Al siguiente día, nos tocó asistir muy de mañana al aeropuerto de Toncontín, con los estigmas de la gran borrachera que un día antes nos habíamos colocado, pero con la satisfacción de saber que el buen amigo nos dejaba en busca de nuevos horizontes.

Amaya Amador falleció en un accidente aéreo a los pocos años de haber abandonado la patria amada, sin haber regresado jamás ni a Olanchito ni a ningún otro sitio de la geografía nacional. Una pipa, que él fumaba permanentemente, le fue enviada a Don Chema, desde Córdoba, Argentina, por su viuda, la que ahora guarda celosamente el doctor Dagoberto Espinoza Murra, hijo de Don Chema.

EL CORONEL FLORES GUERRA FUE VÍCTIMA DE UNA ENAJENADA

En el interior de la Penitenciaría Central funcionó, hasta 1949, una Escuela Correccional que después cambió su nombre por el de Escuela Vocacional "Marcos Carías Reyes", cuyo director era el controversial Víctor Carías Lindo, de quien mucho se comenta por su actuación en ese centro penal.

Pues bien, de la Escuela Vocacional "Marcos Carías Reyes" egresaron numerosos compatriotas que con el tiempo alcanzaron alguna notoriedad dentro de la sociedad hondureña, pues mediante su propio esfuerzo lograron colocarse en puestos de relevancia, así en el gobierno, como en las fuerzas armadas, la empresa privada y aun dentro de su propia independencia, pues en dicha escuela además de aprender numerosos oficios también había opción para las artes, los deportes, la milicia, e incluso para realizar estudios de secundaria, como se le decía a la educación media por aquel tiempo.

Uno de los compatriotas que mayor lustre le dio a la escuela vocacional fue precisamente el Coronel y Licenciado Alonso Flores Guerra, ciudadano que logró escalar desde la Dirección de Policía hasta la Oficialía Mayor del Ministerio de Defensa, Pagaduría General del Primer Batallón de Infantería, Agregado Militar en la Embajada de Honduras en Washington, hasta llegar de nuevo a la Patria, para ocupar el Ministerio de Gobernación y Justicia en el gobierno de Juan Alberto Melgar Castro. Alonso también fue delegado ante la Junta Interamericana de Defensa por nuestro país.

Pero bien, lo que queremos destacar es que Flores Guerra, durante su permanencia en la Escuela Vocacional, allá por 1948, siendo oficial con el grado de Subteniente, poseía una de las voces mejor educadas para el mando, de tal manera que su voz era escuchada por la fuerza que le imponía por todo el recinto de la P.C.

Así las cosas, un 15 de septiembre de ese año 1948, aproximadamente a las 4:30 a. m., toda la Escuela estaba en formación, lista para salir a marchar a las calles de Tegucigalpa integrando el "Desfile del 15" y él, como buen oficial, toda la noche había permanecido limpiando sus insignias y charreteras para lucir nítidamente frente a sus superiores y público en general.

Atrás de donde él estaba dirigiendo a los demás "correccionales", aproximadamente mil quinientos, había una celda en la que se mantenía a una señora enferma mental, a la que todos conocíamos como Juanita, la que por "lunas" se ponía furiosa, pero quería mucho a los jóvenes adolescentes de la Escuela en mención.

Al grito de la voz de mando del que después llegó a ser Coronel Flores Guerra, Juanita, que no esperaba aquella voz tan fuerte y terminante, se asustó de tal manera que no encontró más reacción que tomar entre sus manos un enorme "toro"* en el que depositaba todas sus expulsiones digestivas, las que a veces permanecían en su celda hasta una semana, con el consiguiente mal olor y otros efectos propios de la putrefacción.

Aquel tambo lleno de puercadas lo lanzó fuera de sí, sobre la humanidad del entonces Teniente Flores Guerra, quien espada en mano, ya se imaginan los lectores lo que pretendió hacer con aquella dama, que enajenada y con semejante susto, le había arruinado todo el trabajo de 24 horas.

*Toro le dicen en los presidios a los recipientes que sirven para depositar durante la noche y en auténtico encarcelamiento los sobrantes del cuerpo, cuya expulsión es obligatoria.

UNA BUENA AMIGA Y SU MANADA DE PERROS

A Digna Flores la conocimos allá por 1950, precisamente en las instalaciones del entonces Hotel Adela, de Comayagüela, frente a la Normal de Señoritas. Ella trabajaba en el hotel, cuando Fausto Ramírez estaba recién venido de Olanchito y le dieron ese negocio para que lo manejara; hace tanto tiempo de eso que no recordamos las funciones de ella.

Pero la real verdad es que Digna estaba muy joven, era una muchacha sumamente atractiva, bonita e inteligente, de tal manera que tenía muchos pretendientes a quienes ella siempre rechazó, pues pasaba de lleno entregada a sus actividades laborales.

Han ido pasando los años, cada quien ha tomado diferentes rutas y ahora, ya en el otoño de nuestras vidas, de vez en cuando vemos a Digna por esas calles de Dios, vendiendo libros, pues ella posee esa habilidad y en las librerías capitalinas le confían ese trabajo.

Pero, por referencias de sus familiares, Digna está pasando los peores momentos de su vida, pues es víctima de una cruel enfermedad, con el agravante de que es incurable.

Digna ha vivido siempre sola, jamás se casó, que nosotros sepamos, y tampoco tuvo hijos, por lo que al final de la jornada ha logrado una rústica vivienda en las inmediaciones del Hospital Materno Infantil, en donde es acompañada y protegida por una manada de perros que, en número de 40, comparten su soledad.

Últimamente el problema se ha agravado, pues el propietario del terreno ya no la quiere tener en sus predios, por el aumento de los canes, que todos los meses vuelven más complicada la vida de Digna, pues se multiplican y, como es lógico, hay que alimentarlos.

Estos animales se han tornado muy fieros, pues su propietaria los mantiene amarrados y, haciendo esfuerzos extraordinarios, logra salir al centro de la ciudad para agenciarse algunos centavos con los que les compra la comida a estos animales, que no dejan que nadie se acerque a donde está su ama.

La historia es triste, pues todo parece indicar que de alguna manera los interesados en desalojarla del lugar están buscando la forma de hacer desaparecer a los perros, matándoselos de cualquier manera, y eso le provoca mucha más tristeza, dolor y rencor a la que

una vez fue una de las mujeres más bellas que han pasado por
Tegucigalpa a lo largo del presente siglo.

CUANDO RODOLFO DÍAZ ZELAYA PONÍA TRAMPAS EN LOS BILLARES "PETETE"

Sería el año de 1949 o tal vez 1950, cuando el famoso salón de billares "PETETE", de don José Adolfo Soto, más conocido con el sobrenombre de Petete, era visitado por lo más granado de la juventud capitalina de aquella época, en que Tegucigalpa adolecía de todo género de distracciones, a no ser las salas de cine, las tabernas y los billares. Nada más. Por aquellos lejanos días, el clima y las costumbres de la capital obligaban a profesionales y universitarios a usar trajes completos. El inefable "saco" constituía prenda de vestir obligada, por su elegancia y distinción.

De esa manera, los jóvenes jugadores de billar, al llegar al salón aludido, lo primero que hacían era colocar sus "sacos" en las perchas que a propósito estaban en sitios estratégicos del salón.

Con los días comenzaron a perderse las plumas fuentes, que eran muy de uso en ese tiempo, ya que los bolígrafos brillaban por su ausencia. Parker y Esterbrook eran las marcas favoritas, y las plumillas eran generalmente de oro, lo que acentuaba la personalidad de sus propietarios, por lo que su costo en el comercio era elevado.

Ante la constante pérdida de tales "plumas fuentes", la molestia y amenazas hacia los propietarios del negocio de los billares aumentaron, y no valiendo de nada la vigilancia, el dueño, Petete, decidió llamar a un experto en asuntos de electrónica, que resultó ser nada menos que el escritor don Rodolfo Díaz Zelaya, quien, haciendo uso de sus múltiples habilidades técnicas, puso una trampa en todos los sacos de los jugadores que portaban plumas; trampa que daría la voz de alarma inmediatamente que el amigo de lo ajeno chocara con sus dedos el producto de sus fechorías.

Así fue como se logró agarrar con "las manos en la masa" a un conocido joven distinguido de la sociedad capitalina, quien, viéndose sorprendido y frente a la evidencia irrefutable, no le quedó más remedio que ponerse de hinojos y pedir perdón en el nombre de Dios. Así dejaron de perderse las "plumas fuentes" de los Billares "PETETE".

PROFESOR Y OPERARIO AL MISMO TIEMPO

Antaño en Tegucigalpa, los padres de familia, para que sus hijos no perdieran su tiempo en nimiedades durante el período de vacaciones, inmediatamente que finalizaba el año escolar los ponían a la orden de los "maestros" que ejercían diferentes oficios en los barrios citadinos, cuyo radio de acción era limitadamente pequeño.

Tegucigalpa, a comienzos del siglo, apenas llegaba a los 25,000 habitantes. Era prácticamente una aldea. Hoy día anda dragoneando el millón de seres, cuyo aumento precisamente ha cambiado radicalmente las costumbres y tradiciones de la ciudad a la que le cantaron Joaquín Estrada Palma, Juan Ramón Molina, Rafael Heliodoro Valle y Guillermo Bustillo Reina.

A inicios de 1900 había muy pocas escuelas públicas y todavía menos las privadas de gran alcance educativo. Existían, sí, pequeñas casas de educación primaria, en las que generalmente se enseñaba lo elemental; eso sí, los maestros que dirigían tales escuelitas eran verdaderos apóstoles de la enseñanza, y había infantes que a los 3 o 4 años aprendían a leer y la llamada Cartilla de Mantilla la conocían de pe a pa.

Maestros famosos en Comayagüela, sobre todo a finales del siglo pasado, fueron por ejemplo la Maístra Mónica, señorita Mónica Zelaya, cuyos alumnos, algunos todavía viviendo, recuerdan con cariño y admiración la forma en que les enseñaba a leer y a escribir.

Pero también hubo un gran señor que prodigaba enseñanzas a manos llenas a los niños y adolescentes de la época, pues al tiempo que enseñaba el abecedario y las cuatro reglas fundamentales de la aritmética, también los profesionalizaba en el oficio de zapatero, del cual él era experto.

Este gran señor se llamaba Orosmán Rivas, nombre propio con que llegó a la pila del bautismo y que, por cierto, en lo que va del presente siglo es el único hondureño con ese nombre.

Don Orosmán, o el Maístro "Oros", como lo llamaban sus alumnos y discípulos, fue alcalde de Comayagüela allá por los años 10 del presente siglo, y estuvo casado con la honorable señora Hortensia Ramírez, hermana de la madre de mi madre.

El Maístro "Oros" desempeñaba maravillosamente sus funciones de instructor de zapatería y profesor de escuela, siendo alcalde municipal de la legendaria y muy valiente ciudad gemela de la capital de Honduras: la ilustre Comayagüela, cuna de Molina, Valle, Turcios, Durón, Zúniga, Bustillo, Brito y tantos varones más de la intelectualidad nacional, cuyos nombres figuran en las páginas de la historia patria como los propulsores de la literatura hondureña.

MUCHACHAS ATRACTIVAS DE LA ZONA

Vamos a referirnos brevemente a algunas de las muchachas más atractivas de la zona donde residíamos: Reina, Leda Aguilar Sanabria, Gloria Estrada Varela, Yolanda Barahona, Urania Zelaya, Rosario Navarro, Flérida Betancourt, las hermanas Bertha, Lila y Mercedes Maradiaga; las también hermanas Caso Pasareal, Irma Antonia Núñez, Alma Valladares, Leticia Gallardo, Yolanda Avilés, Lesbia Ponce, Gloria y Liliana Vides Turcios, Maritza Blanco Sagastume, Hilda Alonso, Altagracia y Melba Ruiz Leiva, Melani Ramírez, Irma y Lesbia Venegas Godoy, Lesbia Elvir, Norma Teresa Lanza y algunas mayorcitas como Rebeca Tercero, Matilde Durón, Brunilda Sierra Cálix, Gelsolina Aplicano, Olga Murillo Valladares, Eduviges Reyes, Adriana y Rina Siri Zúniga, Claudina Falope, María Esther Rigamontti, Esperanza Zelaya, Ninfa Padilla Moreno, Norma Angélica Ochoa, y su hermana Blanca, Trina Perdomo Laitano, Vilma y Ruth Mejía, Regina Osorio; por supuesto las hermanas Herrera Díaz, Rosa Emilia Urquía, Eunice Valerio Hernández, Leticia y Rina Turcios, Antonia Genoveva Mondragón, Corina Ramírez, Aida Barahona Lisardo y muchas más a quienes pedimos disculpas por no mencionarlas.

El gobierno estadounidense, antes y después de la II Guerra Mundial tenía especial atención para estos países del subcontinente, entre quienes por supuesto se encuentra Honduras; por ejemplo en 1945 cuando se creó el Consejo Mundial de las Naciones Unidas con el mismo surgieron organismos de cooperación internacional como el Servicio Cooperativo Interamericano de Salud Pública (SCISP), Servicio Técnico Interamericano de Cooperación Agrícola (STICA) y el Servicio Cooperativo Interamericano de Educación (SCIDE), instituciones que dejaron para siempre recuerdos como el Sanatorio Nacional hoy Instituto Nacional del Tórax; Escuela Nacional Agrícola de Catacamas y la Escuela Normal de Villa Ahumada con el nombre de Escuela Normal de Señoritas España en Villa Ahumada, Danlí, El Paraíso, para solo citar tres que fueron ejecutadas por dichos organismos.

El SCISP en su momento llenó un enorme vacío en toda la república, pues fueron numerosos los acueductos y alcantarillados que se inauguraron a lo largo y ancho del país, sobre todo en el gobierno del doctor Gálvez; absorbiendo el personal técnico humano de esa institución lo que posteriormente, a partir de 1960 se llamó el SANAA, mediante acuerdo celebrado en 1959 en Punta del Este, Uruguay, durante la célebre reunión de gobernantes del hemisferio, en ese paradisíaco lugar entre el presidente John Fidgerald Kennedy de los Estados Unidos y Ramón Villeda Morales de Honduras, entre otros.

Aquí hay un capítulo muy bonito y emblemático y es la presencia de los llamados "gitanos", personajes nómadas que con frecuencia visitaban nuestro país y acampaban a las orillas de las carreteras y ya en los últimos tiempos de sus visitas, sobre todo a Tegucigalpa, lo hacían en el antiguo hotel Adela a inmediaciones del mercado San Isidro donde tenían su cuartel general desde el que operaban las mujeres típicamente vestidas con atuendos hasta los tobillos, llamativos aretes, collares, pulseras y anillos que llamaban poderosamente la atención de la población, a la que invitaban para adivinarle la suerte o el porvenir mediante el depósito de diez, veinte y cincuenta centavos, según la facha de la persona escogida; los hombres en cambio visitaban las haciendas cercanas a la ciudad y compraban semovientes enfermos, a los cuales les devolvían la vida con fuerza y lucidez por un tiempo determinado, suficiente para revenderlos, por supuesto estafar a los incautos clientes; sin embargo, estos hombres procedentes generalmente de algunas provincias de España eran expertos en la fabricación de los llamados peroles (utensilio para cocinar, usado especialmente para hervir o guisar alimentos, que consiste en un recipiente metálico abombado en los lados, generalmente con dos asas), los que nuestras mujeres utilizaban más que todo para la fabricación de dulces como la jalea de membrillo, melcochas, caramelos, conservas de naranja, piña, leche y chocolate. Estos peroles eran de cobre y desde que los gitanos desaparecieron del mapa de Honduras, ningún otro ciudadano los ha vuelto a fabricar.

Los gitanos también presentaban también algunos números artísticos en escenarios improvisados en los que bailaban música folclórica de Europa, México y algunos países de América del Sur.

ANÉCDOTA DE LA VIDA REAL

Aquí hacemos un paréntesis para contarles una anécdota de la vida real: cuando en 1960 se inauguró en San Pedro Sula la Fábrica de Productos Lácteos Sula, esta empresa nació bajo los auspicios del entonces Banco Nacional de Fomento (BANAFOM) cuyo director de relaciones públicas era el recordado periodista Alejandro Castro h., para lo cual el primer invitado a la inauguración fue el ciudadano presidente de la república de aquél entonces doctor Ramón Villeda Morales, su gabinete de gobierno, diputados, militares y algunos religiosos, sin faltar los periodistas de mayor influencia de la época; entre quienes figuraban el recordado Arturo (Pituro) Sagastume, el que permanentemente en Tegucigalpa usaba saco, corbata y sombrero, vestimenta que utilizó para asistir a la ciudad de los zorzales (SPS) al evento en mención, ciudad que como todos sabemos es calurosa por excelencia, desde siempre.

Fue así como "Pituro" en lugar de asistir a la ceremonia donde se desarrollaba tan magno acontecimiento, él se quedó en el centro de la ciudad, cuya seguridad había pasado a manos de la llamada guardia civil y Pituro haciendo un reconocimiento de la ciudad que él contaba tenía alrededor de cuarenta años de no visitar, en una de las esquinas de aquella próspera comunidad fue sorprendido por un agente de la guardia civil, exigiéndole la documentación personal a lo que el aludido periodista se reveló y muy molesto con su estilo de hablar "ronco", le preguntó al policía por qué lo requería y este le respondió "Es que usted es mormón", precisamente porque Arturo jamás se despojó de su saco, corbata y sombrero; el guardia se sorprendió también cuando Pituro le dijo que era periodista, nacido en Comayagüela y que andaba acompañando al gobernante hondureño en la inauguración de la empresa de productos lácteos Sula. Palenque que sorprendió a los dos, pero que no pasó a más.

Cuando redactamos estas líneas nos encontramos en plena estación lluviosa, es el mes de junio del año 2022 y los pronosticadores del tiempo anuncian alarmantes huracanes y tormentas a granel así en el pacífico como en el atlántico, situación que se torna mucho más dramática cuando Rusia sigue cercando las fronteras con Ucrania y hay vientos en los que se anuncia el apoyo

33

de China Continental hacia las tierras moscovitas; acá, muy cerca de nosotros, en Nicaragua también soplan vientos nada favorables para la paz y la tranquilidad de la región, pues el gobierno del señor Ortega ha anunciado que permitirá la entrada de tropas de las Fuerzas Armadas Rusas en sus tres áreas, tierra, mar y cielo; en fin este cambio climático, calentamiento global, efecto invernadero, etc., nos conducen por senderos lúgubres, macabros, tétricos, siniestros, porque se habla a voz en cuello de una III Guerra Mundial.

En fin —la mar y sus conchas— con la situación que está viviendo la humanidad en estos momentos en que todo se pone color de hormiga, pues el agua y los alimentos básicos para sobrevivir han comenzado a escasear, con el natural perjuicio, sobre todo a las personas de menores recursos económicos.

Dios nos libre de estos torrentes que solo malos augurios vaticinan para el futuro inmediato.

Pero bien, sigamos con nuestro tema fundamental que no es más que la cosecha de experiencias alcanzadas a casi noventa años de existencia, pero que hemos reducido a 75, simple y sencillamente porque ese número nos encanta. Algo de misterio hay en el mismo.

Imagínense que en esa lejana infancia de finales de los años treinta y la década del cuarenta del pasado siglo, todavía se hablaba de la ficha, cuartillos, medio, real; por lo que era muy común hablar de doce centavos o un real, veinticinco centavos, dos reales; treinta y seis centavos, tres reales; cincuenta centavos, cuatro reales; setenta y cinco centavos eran seis reales; un lempira con cincuenta centavos, doce reales y dos lempiras con cincuenta centavos, veinte reales; y es que en ese tiempo, los huevos de gallina se compraban a dos por cinco centavos, las tortillas a tres por dos centavos, las frutas como mangos, naranjas, limas, bananos y otras a dos centavos por unidad; existían algunos comedores cuyas propietarias servían los alimentos y uno pagaba al mes treinta lempiras por los tres tiempos diarios; en los cines Apolo e Hispano de Comayagüela uno podía ver dos películas por cinco centavos en galería, diez en luneta y quince en palco; los pasajes de los autobuses cobraban cinco centavos por los niños y diez por los adultos; cuando recordamos estos hechos nos parece un sueño, un sueño idílico del que no quisiéramos despertar, porque ocho décadas después el cambio ha sido estratosférico, de tal manera que cuando pedíamos una Coca-

Cola o cualquier otro refresco embotellado, simplemente pagábamos diez centavos y ahora ronda en quince y veinte lempiras; las pupusas en El Tejano se cotizaban a diez centavos y las hamburguesas a veinticinco; una cerveza de pie en las tiendas de los chinos costaba treinta y cinco centavos, en salones de lujo como el Duncan Maya a cincuenta centavos, cómodamente sentado y servida con una exquisita boca al paladar.

En fin los cambios sufridos desde aquella época hasta ahora, es sencillamente monstruoso; por supuesto que los salarios también eran sumamente bajos, tanto para profesionales como para los obreros, por lo que, no todo el mundo usaba zapatos, gran cantidad de la población andaba completamente descalza o usaba caites de hule o cuero; eso sí, la high life, gorgueras o pudientes de la comunidad usaban zapatos florsheim, sombreros stepson, relojes bulova y sus trajes de casimir inglés, mientras la clase media a duras penas ajustaba para hacerse un trajecito de tela de dril, y así sucesivamente con el crecimiento poblacional todo se fue para arriba, también es bueno recordar que el galón de gasolina para los pocos automóviles que circulaban por la ciudad costaba cuarenta centavos, las llantas y demás accesorios también eran sumamente bajos sus precios.

TONCONTÍN

Y dele que dele con el nombre del primer aeródromo de Honduras. Veámoslo desde el punto de vista histórico y real.

Antes de Toncontín toda esa explanada y lugares adyacentes era conocida como Los Llanos del Potrero, heredad que comprendía más de trescientas manzanas y cuyos propietarios, originales, hasta donde nos damos cuenta, fueron los Godoy Barrientos, quienes se establecieron en esa zona a mediados del Siglo XIX, allá por 1840.

Estas tierras colindaban con las de don Santos Soto al Sur de Comayagüela, donde hoy existen las colonias Loarque, Río Grande, La Satélite, etc. Pero hablamos de Toncontín.

Resulta, que en los años cuarenta de la administración Carías, ya cuando gran parte del terreno había sido destinado para el principal aeropuerto de Honduras, don Tiburcio, "El Caudillo" como le llamaban sus adláteres, llamó a su despacho presidencial a uno de los herederos de esa inmensa propiedad, a don Nazario Godoy Barrientos a quien le propuso que en aras del patriotismo, le donara al Estado de Honduras una buena porción de esas tierras para ampliar y modernizar el puerto aéreo, por lo que don Chayo - le respondió al General - que con mucho gusto lo haría, siempre y cuando el gobierno le ofreciese alguna indemnización, ya que esos terrenos eran algo sagrado para todos los descendientes.

La intervención oportuna del General Pedro F. Triminio, emparentado con la familia Godoy Barrientos y uno de los personajes más influyentes con el General Carías, contribuyó en mucho a legalizar felizmente la transacción, en la que intervinieron algunos otros personajes como el doctor (abogado) Silverio Laínez, su yerno Roberto Velasco y Velasco, el también abogado Pedro Arturo Zúñiga y otros personajes de mucha importancia en aquella época, por lo que el terreno además de servir en su gran mayoría para el objetivo señalado, se comenzó a parcelar y de allí saltaron una gran cantidad de colonias que hoy día enriquecen la topografía de Comayagüela.

Los Llanos del Potrero por cerca de dos siglos sirvieron de centro vacacional y turístico de algunos presidentes de la república y hombres acaudalados de Tegucigalpa que encontraban en ese lugar el sitio idóneo para reposar y disfrutar de las delicias de la naturaleza, pues aquello era un enjambre de árboles frutales de todas las especies, además del ganado, los cerdos y las gallinas que ahí se criaban, por lo que la alimentación era exquisitamente rica en sabores y nutrientes, pues hasta hortalizas abundaban en aquellos lejanos tiempos.

Pero bien, hagamos un poco de historia:

El Aeropuerto se construyó y se comenzó su modernización asfáltica, gracias al talento y conocimientos sobre la materia que el recordado oficial, egresado de la Escuela Básica de Armas, Oscar Zelaya Fonseca (Checa), puso al servicio todo su dinamismo y perseverancia, bajo la dirección del Coronel Prochasca - de origen norteamericano- quien dirigió magistralmente este delicado trabajo que convirtió la pista en una de las más modernas de la aviación internacional de aquella época. La moderna terminal aérea fue inaugurada solemnemente a finales de 1948.

Pero, aquí viene el meollo del asunto que nos ocupa, ya que a inmediaciones del mismo, funcionan las instalaciones de la invicta Fuerza Aérea Hondureña, a que le asiste todo el derecho de conservación de ese histórico inmueble, porque allí ascienden y descienden todos los aviones que custodian la soberanía nacional. El Jefe de las Fuerzas Armadas, tiene la obligación y el derecho de solicitarle al Congreso Nacional en Decreto respectivo, para que Toncontín no desaparezca y pase al poder de la victoriosa FAH, que es el cuerpo armado insignia de nuestras Fuerzas Armadas.

Recuérdese que Toncontín durante la emergencia de 1998 con la presencia del tristemente célebre Mitch, ocupó un primerísimo lugar , durante dicha emergencia en el que desembarcaron aviones de todo tipo, procedentes de todos los países amigos de Honduras que oportunamente prestaron su ayuda frente a esa terrible tragedia que enlutó el alma nacional.

En consecuencia, Toncontin es un símbolo nacional y como tal debe respetarse su histórica presencia en ese lugar y adjudicárselo a la Fuera Aérea Hondureña para que siempre los capitalinos tengamos un centinela como auténtico defensor de nuestra seguridad.

SACA CHISPAS LEVADURA CLUB

Iniciando la década de los años cincuenta del pasado siglo, Tegucigalpa y Comayagüela comenzaron a presentar un rostro diferente a sus homólogas de la región centroamericana, con el advenimiento de un nuevo régimen gubernamental, totalmente distinto al anterior, que prácticamente mantuvo en cautiverio durante dieciséis años a la población hondureña.

La juventud de por aquél entonces, también empezó a despertar, ya se celebraban coca coladas en los colegios y los universitarios comenzaron a hacer gala de sus inquietudes, sobre todo el 11 de junio que ha sido la gran fecha para el estudiantado del nivel superior, porque en esa fecha se conmemora el nacimiento del fundador de la Universidad Nacional, en 1847, el inolvidable rector eterno, presbítero José Trinidad Reyes.

Luego, surgieron algunos grupos musicales llamados orquestas, simplemente marimbas, dúos y tríos, y hasta cuartetos de jóvenes impulsados por el amor a la música; de igual manera se fomentó el deporte y era curioso ver como surgían los equipos de beisbol y baloncesto, sobre todo entre el estudiantado de la educación media de por entonces. Ya el futbol tenía su cartel en Tegucigalpa con el Olimpia y el Motagua; en San Pedro Sula con el Maratón y el Real España; en Tela el Aduana; en La Ceiba, el Vida y el Victoria; mientras Puerto Cortés, hacía gala de su Platense.

Aquí en Tegucigalpa, se formaron sociedades juveniles como la Cámara Junior, y de mayor edad el Casino Hondureño, el Club Tegucigalpa, la Asociación China, el Club Hondureño Árabe, Los Leones y los Rotarios que ya tenían carta de ciudadanía, y otros con finalidad distinta como Los ombligos, de Pinares Felicidad, en El Hatillo.

Y así transcurría el tiempo, cuando un pequeño grupo de estudiosos, principalmente del Central Vicente Cáceres, como el ahora doctor César Castellanos Figueroa, ingeniero Mario Vallejo Mejía, licenciado Alberto Herrera Díaz y algunos ya fallecidos como el economista Servando Escoto Laínez, coronel Mario Laínez Torres, doctor en motores Isidro Márquez Vijil (Pachin), agente de seguros Robilio Rivera Almendárez y algunos otros que se pierden en el espacio de la infiel memoria lograron integrarse, primero con el Trío Los Marios, de grata recordación por su vasto repertorio de canciones que por aquella época interpretaban magistralmente Los Panchos, Los Diamantes, Los Tres Ases, Los Tres Caballeros, Los Tres Reyes, el Cuarteto Armónico y tantos grupos musicales de ese México imponderable, del cual podríamos escribir páginas enteras y no terminaríamos jamás, porque su historia es inconmensurable.

Con los arriba mencionados, se fundó el Saca chispas levadura club, cuya sede principal estaba ubicada a la altura de la 4ta. Avenida, entre 12 y 13 calles de Comayagüela, en una propiedad de don Juan Oyuela y en la cual residía una apreciable dama de oficio modista, llamada Ana Maria Reich, originaria de la Costa Norte, señora de muy agradable figura y de un atractivo físico, quien logró enamorarse de uno de los jóvenes de dicho club, que fue bautizado así, porque como todos éramos estudiantes y el dinero era escaso como para embriagarse por lo cual optamos por consumir un refresco hecho de levadura, el cual daba los resultados deseados... sacaba chispas... y su costo era sumamente bajo, pues se conseguía a cinco centavos el vaso y Ana María, locamente enamorada de uno de los miembros del club mencionado líneas arriba, era quien nos abastecía de la exquisita bebida que dicen tiene propiedades nutritivas, pero también propias para la bohemia juvenil que de esa forma se divertía y la cual sirvió para que algunos de sus integrantes cayeran en las garras del alcoholismo, iniciando así una carrera de fatales consecuencias.

Pero, el "Saca chispas levadura club" fue membretado así por el viejo amigo y siempre amable, simpático y optimista doctor Castellanos Figueroa, quien a sus ochenta y cuatro años luce cual si tuviese cuarenta, ya que parece haberle robado el secreto de la juventud a Dorian Gray.

Hemos traído a cuentas este relato, en atención precisamente al deseo de algunos sobrevivientes del recordado club que duró mucho tiempo, hasta que doña Ana María decidió retornar al bello Puerto de Tela, Atlántida, de donde era originaria, y allí falleció.

SE NOS ADELANTÓ LEÓN PAREDES LARDIZÁBAL

A este distinguido caballero en el más amplio sentido de la palabra lo conocimos allá por 1940 en su hermosa residencia de la avenida Centenario y Séptima Calle de Comayagüela, local que posteriormente ocupó la Escuela de Ensayos Dionisio de Herrera.

León perteneció a esas familias de alta alcurnia, de mucha nobleza y de gran prestigio nacional e internacional, por cuanto su padre fue un prominente médico, fundador entre otros del ahora moderno Hospital La Policlínica y el Centro Social por excelencia de Comayagüela, El Country Club, el doctor Salvador Paredes y su dignísima esposa doña Cristina Lardizábal, también de ilustre prosapia, conformaron un hogar ejemplar, modelo, del cual además de León, nacieron Rufo y Graco, también profesionales de mucho prestigio.

León, perteneció a esa legión irrepetible de locutores sobresalientes que hicieron furor en los años cincuenta, a través de las pocas radioemisoras que para entonces funcionaban en Tegucigalpa. Él compartió micrófonos en Radio Comayagüela y fue un estelar de las radionovelas de aquél entonces, en las que participaban hombres y mujeres de gran cartel radiofónico, por eso en nuestra obra "Gargantas de Oro, Locutores de Honduras" ocupa una página especial, en atención a su relevante actuación y exquisita voz que le caracterizaron como un locutor de primer orden.

Pero León, tenía aspiraciones mucho más elevadas, y así ingresó a la facultad de ingeniería que por entonces quedaba en la calle Real de Comayagüela, hasta coronar con éxito su carrera de Ingeniero Civil, lo que le abrió las puertas para participar como ejecutivo en relevantes cargos tanto nacionales como internacionales, pues fue delegado permanente de Honduras ante la FAO en Roma, a donde si mal no recuerdo ocupó el rango de Embajador Extraordinario y Ministro Plenipotenciario de Honduras ante la Santa Sede, después; habiendo participado como representante diplomático de nuestro país en otras naciones amigas de Europa y de América.

La institución insignia a la cual él prestó los mejores servicios poniendo en práctica sus altos conocimientos y elevado prestigio fue en el Banco Centroamericano de Integración Económica, institución que lo honró con un alto cargo, como Jefe de Departamento.

León Paredes Lardizábal casó con una honorable dama, hermana del ingeniero Ramiro Zúniga Soto y de la también esposa del abogado Mauricio Villeda Bermúdez, ex candidato a la presidencia de la república por el Partido Liberal de Honduras.

Como ciudadano fue ejemplar, un hombre de una cultura excepcional la cual puso en práctica en todas sus actividades tanto públicas como privadas, lo que le valió el reconocimiento de quienes tuvieron la oportunidad de conocerlo.

La última vez que nos honró con su amistad fue precisamente el 18 de febrero del 2011, cuando en compañía de los profesionales: arquitecto Mario Martín Mendoza, ingenieros Luis Armando Moncada Gross y Mario Vallejo Mejía; el eminente psiquiatra doctor Dagoberto Espinoza Murra, los abogados René Pineda Mejía y Marcio Francisco Moya Banegas, participando en dicha reunión también su cuñado el ingeniero Ramiro Zúniga Soto. Este encuentro fue con el propósito de sembrar la simiente de lo que en un futuro próximo se conocerá como Radio Veteranía, que no será más que un refugio para los hombres y mujeres de micrófono que por cualquier circunstancia causen baja en las plantas transmisoras privadas o del estado. Esta cita se realizó en el prestigioso Hotel Honduras Maya y duró aproximadamente cuatro horas en las que el ahora fallecido ingeniero Paredes Lardizábal tuvo una participación brillante, aportando todos sus conocimientos para que este proyecto se realice en el menor tiempo posible.

Esta idea, vale la pena reconocerlo es patrocinada por dos sobresalientes figuras de la radiodifusión internacional, como son el empresario de medios Dino Bloise de la ciudad de Miami y Yimber Gaviria, de Cali, Colombia, quienes se han comprometido a apoyarnos en todo lo que esté a su alcance.

Pero, León ahora Descansa ya en la Paz del Señor sin ver cristalizado este proyecto que a todos emocionó.

Hoy lamentamos profundamente la partida sin retorno del ilustre amigo y alguna vez colega en las cabinas de radio de esta capital, en las que como queda dicho líneas arriba, figuró como un estelar de primer orden.

Al consignar estas líneas de despedida a tan connotada figura de proyección nacional e internacional, nos solidarizamos con el dolor que sin duda embarga a todos sus familiares y como lo hemos dicho en otras despedidas a entrañables y dilectos amigos, que las siempre vivas del recuerdo permanezcan frescas en el corazón y en la mente de todos los que tuvimos la suerte de conocerlo y tratarlo.

TEGUCIGALPA NECESITA URGENTEMENTE A LUIS ARMANDO MONCADA GROSS

Durante la crisis del agua de 1972, había en el gobierno de facto del general Oswaldo López Arellano, dentro de su gabinete, un equipo de hondureños conscientes y responsables de su compromiso con la patria.

Fue así como se integró un grupo formado por el doctor Enrique Aguilar Paz, Ministro de Salud Pública; abogado Manuel Acosta Bonilla, Ministro de Hacienda e ingeniero Luis Armando Moncada Gross, Gerente del SANAA, quienes elaboraron una estrategia fundamental para dotar de agua a Tegucigalpa que ya para entonces arañaba el millón de habitantes. Era presidente del Banco Centroamericano de Integración Económica-BCIE, el doctor Enrique Ortez Colíndres, y de esa manera se acudió a la institución regional en busca de apoyo económico para el proyecto de emergencia de una represa capaz de satisfacer las necesidades básicas de agua en la capital de la república, sin embargo, en la cartera de créditos de la institución bancaria regional, no existía el renglón agua, por lo que siendo Ortez Colindres, hondureño y capitalino por nacimiento, utilizó todos sus poderes de presidente del organismo mencionado, para conseguir el préstamo urgente que satisficiera las necesidades de una ciudad que agonizaba, precisamente por la falta de agua.

El préstamo se logró y de esa manera en 1973 se inició la construcción del embalse o represa Los Laureles, bajo la supervisión técnica de una compañía francesa, que incluso trajo los tanques de almacenamiento para la potabilización del precioso líquido y así con ese grupo de hondureños visionarios y henchidos de un verdadero patriotismo se logró solventar, momentáneamente, la crisis de la escasez de agua en la primera ciudad del país. La represa fue inaugurada en 1976 durante el régimen de facto del general Juan Alberto Melgar Castro.

Pero la situación, con el crecimiento poblacional y la irregularidad de los inviernos o de la estación lluviosa, como consecuencia de los incendios forestales y la tala inmisericorde del bosque continuó y no fue sino hasta el gobierno constitucional del ingeniero José Simón Azcona Hoyo, cuando nuevamente el ingeniero Luis Armando Moncada Gross, volvió a la gerencia del SANAA y repitió su extraordinaria hazaña de dotar a esta ciudad, cuna del general Morazán, de otra represa, esta vez tres veces más que Los Laureles y con tecnología más moderna, la cual se denominó La Concepción y que fue inaugurada a inicios del gobierno del licenciado Rafael Leonardo Callejas.

Desde Callejas hasta la fecha han gobernado este país siete presidentes, Carlos Roberto Reina, Carlos Roberto Flores, Ricardo Maduro, Manuel Zelaya Rosales, Roberto Micheletti Baín, Porfirio Lobo Sosa y actualmente Juan Orlando Hernández Alvarado; Tegucigalpa ha crecido enormemente y no es remoto que a estas alturas sobrepase los dos millones de habitantes, ya que la población global del país ha comenzado a aproximarse a los diez millones de pobladores, lo que sin duda alguna significa uno de los problemas más álgidos y al cual debe dárasele prioridad "uno", porque un pueblo sin agua es un pueblo que agoniza.

El ingeniero Luis Armando Moncada Gross, está por allí, en algún lugar de Tegucigalpa, presidiendo una compañía consultora de ingeniería y es precisamente él, uno de los pocos hondureños que conoce como el mejor todo el rompecabezas del acueducto metropolitano, lo que le da la autoridad suficiente como para que el gobierno actual que a nuestro juicio está tratando de cambiarle el rostro a Honduras en todas sus dimensiones, contrate de inmediato los servicios de consultoría del mencionado profesional de la ingeniería sanitaria e hidráulica y comenzar ya a gestionar el préstamo o el financiamiento por cualquier ámbito para la construcción de una tercera y cuarta represa o embalse, más la perforación de pozos en lugares estratégicos, porque las pocas fuentes de agua con que cuenta Tegucigalpa en estos momentos, definitivamente, ya no dan abasto para satisfacer las necesidades de una población que aspira a mejores condiciones de vida, mediante el buen uso del agua.

En los archivos del SANAA existen documentos o estudios técnicos realizados por especialistas ingleses, israelitas, alemanes, japoneses y hasta guatemaltecos que han diseñado perfectamente bien las condiciones más económicas y fáciles para desarrollar un nuevo proyecto de esta envergadura. Estamos a las puertas del

Segundo Centenario de la Independencia Patria y de la construcción del emblemático Puente Mallol (2021) y es muy posible que para esas fechas esta ciudad se vista de gala con la presencia de numerosas delegaciones de los países con los cuales mantenemos relaciones amistosas, se yerguen elegantes edificios para hospedajes, es decir hoteles de lujo, se están construyendo pasos a desnivel del más alto valor arquitectónico, en fin, se está pensando realmente en cambiarle el rostro a la Tegucigalpa de nuestros amores, pero no aparece por ningún lado, un proyecto para dotar a esta cuatricentenaria capital de la república de un nuevo acueducto, por lo que está expuesta a desaparecer del mapa, ya que no solo la escasez de agua es evidente, sino que los pocos ríos si ríos puede llamársele a esas cloacas que ahora cruzan la ciudad, pueden provocar una epidemia que terminaría totalmente con la población tegucigalpense.

TOCOA

Esta floreciente comunidad del norte de nuestra geografía nacional, hace alrededor de sesenta años, creo, que era aldea del municipio de Trujillo en el departamento de Colón. Hoy día ostenta honrosamente el título de municipio.

Pues bien, en 1959, viajamos a esta ciudad acompañando al entonces Presidente de la República Dr. Ramón Villeda Morales, en nuestra condición de redactores de El Cronista, por aquella época Decano de la Prensa Nacional.

Íbamos a la inauguración del moderno aeropuerto que había sido construido en ese lugar en un vasto terreno que había donado el recordado ciudadano don José Castillo Melhado, en ese tiempo Diputado al Congreso Nacional por el Partido Liberal.

El traslado de Tegucigalpa a Tocoa se realizó en un moderno avión de la Fuerza Aérea Hondureña, pilotado por el coronel Héctor Caraccioli Moncada, a la sazón Comandante General de esa fuerza militar; entre los concurrentes recordamos a la Primera Dama de la Nación doña Alejandrina de Villeda Morales; Ministro de Obras Públicas y Comunicaciones, ingeniero Roberto Martínez Ordóñez; Canciller de la República, doctor Andrés Alvarado Puerto y una gran cantidad de periodistas que cubrían los medios escritos y radiofónicos, pues aún no había llegado la televisión a Honduras, que por coincidencia, se estrenó el 11 de julio de ese mismo año con Canal 5 de TV propiedad de la familia Lardizábal Guilbert.

Bien, llegamos a Tocoa y después de los actos protocolarios del evento que nos ocupa, el gobernante hondureño decidió viajar hasta Trujillo, para lo cual se contrató un vehículo especial ya que no existía carretera entre Tocoa y Trujillo; lejos de eso, era un camino tortuoso, lleno de fango y una serie de obstáculos que constituyeron una odisea su realización. Aquí recordamos, que en el camino, doña Alejandrina detuvo al conductor del vehículo, el mismo coronel Caraccioli, para conversar con una humilde señora que cargaba en sus brazos a un niño de aproximadamente seis meses de nacido y detrás de ella toda una marimbita en edades desde los 2 años hasta los 14 aproximadamente; al preguntarle doña Alejandrina a la señora de este relato, que cuántos hijos tenía, sin vacilar, respondió que eran 16, entre varones y hembras, andando los mayorcitos con su padre en actividades agrícolas que por entonces era el principal sistema de vida de aquellos hondureños; después de conversar algún rato, doña Mina le entregó diez billetes de a cien lempiras a la campesina de referencia, la que no cabía de la alegría y asombro, pues no sabía quién era su benefactora en ese momento, ya que doña Mina, hasta entonces le dijo que ella era la esposa del Presidente de la República.

Y seguimos rumbo a Trujillo, hasta llegar en horas de la tarde, ya caída la noche, hospedándonos en un hotel propiedad de la misma familia Castillo-Melhado, en donde de entrada se nos informó que todo lo que consumiéramos era por cuenta y riesgo del señor Castillo-Melhado. Con los desaparecidos entrañables amigos, periodistas don Chema Espinoza y Héctor Maradiaga Mendoza, lo primero que hicimos fue pedir una botella de Whisky, algunos refrescos, cigarrillos y rumbo a la playa a degustar la embriagante bebida.

Al siguiente día partimos rumbo a Puerto Castilla, distante pocos minutos de Trujillo, en donde el arquitecto Mario Valenzuela de grata recordación en el país por su brillante trayectoria profesional, nos llevó hasta las instalaciones de su empresa conocida como Playwood de Honduras en donde se procesaba la madera y exportaba a diferentes países del mundo.

Aquello era un emporio que sorprendió al gobernante y a sus acompañantes.

El retorno a Tocoa constituyó una nueva aventura, pues como señalamos líneas arriba, no existía una carretera que uniera los dos lugares.

Hoy día Tocoa es una de las más prósperas comunidades de la región norte y su crecimiento y desarrollo son extraordinariamente maravillosos, así como han crecido y desarrollado otras del mismo sector como El Progreso en Yoro, Tela en Atlántida, Roatán y Guanaja en Islas de la Bahía; de igual manera que La Entrada en Copán, Puerto Cortés en Cortés, Choloma en el mismo departamento y en la zona sur el amado puerto de Tito Aplícano, San Lorenzo, Valle, que el recordado poeta profetizó como el "Puerto niño que reta el porvenir" y que en efecto ha tenido un resurgimiento también extraordinario, digno de mayor encomio. En el Sur se encuentra Amapala el histórico puerto mayor que hace menos de un siglo ocupó un primerísimo lugar en la región insular por la profundidad de sus aguas propias para el embarque y desembarque de las más grandes naves marítimas que cruzan los océanos.

Sin embargo, Amapala en vez de encontrar su destino ha sido confinada al olvido y sus habitantes urgen desesperadamente la contribución del Gobierno Central para reencontrarse con el progreso y desarrollo que otrora caracterizaron su estratégica ubicación en el pacífico.

FALLECE UN GENIO DEL MICRÓFONO

Tomás Antonio González pasa por la historia de la radiodifusión universal con un membrete de cinco estrellas y la bicoca de 61 años ininterrumpidos de ejercicio profesional en el cine, la radio y la televisión, sobre todo en Los Estados Unidos de América en donde descolló como uno de los mejores astros del micrófono de dimensión mundial, pues para comenzar diremos que es el único locutor en la historia de esta industria moderna que ha alcanzado la gloria de saborear en vida la satisfacción de recibir 11 micrófonos de oro, que fertilizaron mucho más su innata vocación hacia esta actividad nada fácil de desarrollar aquí y mucho menos en aquella gran nación.

Tomás Antonio había nacido en 1941 en Tegucigalpa y se inició en las cabinas radiofónicas en 1956, cuando apenas había salido de la adolescencia para iniciar de esa manera una veloz carrera ascendente que lo llevó hasta el pináculo de la fama.

En aquella época eran pocas las estaciones de radio en Tegucigalpa, entre ellas HRN, HRA, Radio América, Radio Monserrat y Radio Comayagüela entre las grandes, y entre las pequeñas Radio Morazán y La Voz del Pueblo; estas dos últimas eran algo así como un laboratorio en el que se pulían los diamantes que posteriormente llegarían a las grandes cabinas. De esa estirpe era Tomás Antonio, quien a los 15 años recibió sus "primeras clases" en Radio Morazán, propiedad del recordado ingeniero Francisco Pon Aguilar, semillero del cual surgieron numerosos estelares del micrófono.

Pero, Tomás Antonio González, era un hombre de aspiraciones supremas y eso lo hizo viajar a la gran nación del norte en 1963, a raíz del golpe militar contra el gobierno del doctor Ramón Villeda Morales, ya que entre sus pasiones estaba la política para la cual militó en el Partido Liberal, por lo que lo del golpe le afectó terriblemente y lo hizo emigrar sin sospechar que al hacerlo estaba rubricando su destino, pues al poco tiempo de permanecer en Los Ángeles comenzó la resonancia de su exquisita voz, por lo que atrajo la atención de los propietarios de las principales cadenas de radio de aquella gran urbe, lo que después le abrió las puertas anchas para participar como una de las voces predilectas para los doblajes de las películas de Hollywood, sobre todo la Paramount Pictures que por años lo utilizó como la voz oficial de esa gran empresa cinematográfica. Enseguida incursionó también en la pantalla chica de la televisión, donde su presencia austera e impresionante lo hizo ganar puntos que le sirvieron dado su talento y entrañable amor a la profesión, mismos que lo llevaron a los cuatro puntos cardinales del globo terráqueo para cubrir los eventos más sobresalientes ocurridos a lo largo de más de cincuenta años, que laboró en aquellas gigantescas pantallas y micrófonos de la metrópoli más grande de la unión americana.

Nuestro inolvidable amigo perteneció a esa legión de locutores que como Miguel Rafael Zavala, Pedro René González, Carlos Augusto Matute Rivera, Rolando Ramos del Valle, Manuel (Meme) Carías, Alexis Zúniga Alemán, José Francisco Morales Cálix, Jorge Montenegro, Randolfo Rodríguez, José Domingo Flores y otros estelares del micrófono marcaron historia y siguen haciéndola muchos de ellos como lo hizo el recordado amigo a quien sinceramente hemos llorado porque fue además de nuestro discípulo, como él decía, un entrañable amigo que jamás de los jamases olvidó nuestra presencia en Honduras y constantemente se comunicaba con nosotros para intercambiar ideas, anécdotas, chistes y bromas a granel.

Hace algunos años publicó un hermoso libro con el honroso título "Así éramos", obra voluminosa que recoge pormenorizadamente la vida y obra de este gran hondureño que tanto lustre le dio a la patria, con su lúcida voz y su brillante talento que lo llevaron a la categoría de genio, pues llegó a dominar 7 idiomas, y eso le valió mucho más para elevar su personalidad locutoril y periodística en el ancho mundo en que se desenvolvió.

Nunca imaginamos que Tomás Antonio se nos iba a adelantar en ese viaje sin retorno al que todos tenemos que llegar más temprano que tarde, y es que Tomás era un hombre lleno de salud, vigor y energía, ya que apenas comenzaba su juventud se alejó completamente de los vicios más dañinos, como fueron el alcohol, el cigarrillo y demás estupefacientes que pudieron haberle dañado su organismo. Él cuidó de su salud hasta el último instante de su vida, pero, la parca ya nos tiene señalados el día y la hora en que nos corresponde partir hacia el más allá, y eso es lo que ha ocurrido con ese hondureño que alcanzó la honrosa categoría de un genio; porque eso fue Tomás Antonio, un hombre polifacético y sobre todo solidario, fraterno y amigo de verdad, nunca conoció la soberbia, la prepotencia ni mucho menos la autosuficiencia, por lo que sin duda alguna su alma buena y su corazón de oro ahora han sido tazados por el Altísimo y colocados en el lugar que le corresponde.

Descansa en paz, querido amigo y que la tierra te sea leve.

TUSA, UN PERSONAJE INOLVIDABLE

Este típico personaje cobró fama y popularidad en Comayagüela, prácticamente desde la década de los años treinta del pasado siglo, hasta que a una avanzada edad, terminó sus días en el asilo de indigentes que funciona anexo al Hospital General San Felipe.

Su nombre de pila era don José Turcios, quien era originario de la aldea La Cuesta, reducto indígena de Comayagüela en el que sus moradores se dedicaban generalmente a la agricultura.

Pero don José, que jamás aprendió a leer ni a escribir, logró amasar una regular fortuna mediante el comercio, actividad que consiguió dominar con profesionalismo admirable. Don José, llegó a poseer inclusive, dos grupos musicales, uno de marimba y otro de cámara, este último integrado por guitarristas y violinistas de la comunidad, que con sus conciertos amenizaban fiestas y bailes que a propósito se organizaban en los barrios, sobre todo de Comayagüela.

Don José también se dedicó a la compra-venta de artículos usados, y finalmente hacía negocios con los bohemios de la ciudad, quienes llegaban cuando comenzaban sus parrandas a empeñarle sus ropas, algunas casi nuevas y otras en perfectas condiciones para continuar la fiesta consuetudinariamente; pero lo simpático es que don José, siempre tenía un repuesto para sus clientes, quienes además del dinero que el amigo les proporcionaba, al mismo tiempo los vestía con la ropa usada de menor calidad que otros habían ido a empeñar y que jamás volvieron a rescatar. De allí, la expresión aquella de los bohemios, "vamos donde TUSAbes".

Don José, cuentan personas que tienen por qué saberlo, que durante la Segunda Guerra Mundial, era un fanático admirador de Adolfo Hittler y consecuentemente apoyaba las acciones del eje que lo integraban el Japón, Italia y Alemania, en tiempos de ese conflicto eran muy pocos los medios de comunicación y las noticias de la conflagración mundial llegaban un poco tarde a Tegucigalpa, pero un amigo suyo, muy joven por aquel entonces, le leía a través del único periódico que circulaba en Tegucigalpa, La Época, los avances del nazi fascismo, y por la lectura de tales informaciones le pagaba la cantidad de "cincuenta centavos" diariamente, y cuando los avances de las fuerzas alemanas combinadas eran exitosas, le aumentaba un lempira, pues la emoción lo embargaba y lo tornaba muy generoso.

Don José, casó con una dama, viuda de un General, llamada Escolástica, a quien los vecinos llamaban "Colaca", amistosamente, con ella logró procrear una única hija, llamada Carlota, que igual que sus progenitores, ya descansa en la paz del Señor. No sabemos por qué razones don José Turcios, alias Tusa, terminó como indicamos líneas arriba sus últimos días, a una muy avanzada edad, cerca del siglo, en el asilo de indigentes que se ubica en la avenida La Paz, casi frente a las instalaciones de la Embajada Americana en Tegucigalpa, lo que indica claramente que el ciudadano de este relato finalizó su jornada terrenal prácticamente en la miseria.

Para enriquecer este trabajo, se nos ocurre recordar a otro personaje de inmensa popularidad en Tegucigalpa, cuyo nombre era Melchor Hadad, quien ubicaba su negocio contiguo al desaparecido Cine Variedades, quien tenía una clientela extraordinaria, pues su actividad comercial se realizaba también en la compra-venta de artículos de mayor valor que los que compraba "TUSA", por lo que llegó un momento en que su tienda se llenó de tantos artículos y productos de uso diario que cuando la gente necesitaba algo, inmediatamente recurrían donde Melchor, quien negociaba desde un alfiler hasta una casa. Alguien decía por allí que no vendía aviones, barcos ni ferrocarriles, porque no tenía espacio para colocarlos; pero eso sí, lo que no tenía Melchor, ya no lo buscara porque no lo encontraría en ningún otro lado.

Actualmente existen dos negocios parecidos, el de Tony Mena a inmediaciones de la Iglesia Los Dolores, en la zona del llamado "Hoyo de Merriam" y el de Aníbal Rojas Cuadra en Comayagüela, en el edificio Jalil. En ambos negocios encuentra usted todo lo que busca, y si no lo haya, no siga porque será en vano su búsqueda, casos típicos de la Tegucigalpa de ayer y de hoy que tienen mucho de historia y de realidad.

UN MONARCA EMBLEMÁTICO

Juan Carlos I, pasa por la historia de España como uno de los monarcas más discutidos en la vida de esta nación ibérica, que hace un poco más de trescientos años dominó gran parte del planeta en que habitamos, cuando una enorme territoriedad del continente que hoy llamamos América, por más de tres siglos bajo su égida, con un dominio absoluto, tuvo que someterse al régimen independentista de hace doscientos años.

Pero, hablamos de su majestad el Rey Juan Carlos I, que abdicó hace 5 años y traspasó el trono a su hijo Felipe VI.

Es el mismo Felipe VI que, dicho sea de paso, contrajo nupcias con su alteza doña Letizia, actual reina de ese país europeo, causando sensación en el mundo entero, por razones harto conocidas por la humanidad.

Hoy, Juan Carlos I, se apartó totalmente de la vida pública de la patria que lo vio nacer y que desde 1975, dos días antes del fallecimiento del generalísimo Francisco Franco, quien había derrocado la monarquía en la década de los años 30´s, devolvió el poder a la realeza, entregando así lo que tradicionalmente durante más de tres mil años había imperado en la España de Alfonso XIII, nuestro benefactor en la delimitación de las tierras en litigio con la república de Nicaragua, habiendo dictado fallo favorable para Honduras en 1906, fallo que la Corte Internacional de Justicia de Holanda hizo efectivo después de medio siglo de alegatos, un 18 de noviembre de 1960.

Juan Carlos de Borbón al asumir su reinado, una de las primeras instancias que realizó fue un viaje al siguiente año 1976, por las tierras que el almirante Cristóbal Colón había conquistado para Castilla y León, así conocido históricamente este enorme jirón de tierra que en 1492 descubriera el audaz navegante; fue esta porción territorial la que Juan Carlos vino a reconocer en el año antes citado, 1976, habiendo incluido en su periplo a Honduras, naturalmente, que es precisamente de lo que queremos hablar en estas líneas.

El General Juan Alberto Melgar Castro, era el gobernante de Honduras en ese año y como Jefe de Protocolo oficial, figuraba el intelectual Jorge A. Coello, quien anduvo al Rey en avión por diferentes lugares de nuestro territorio, habiendo dejado por último para su visita, las mundialmente famosas Ruinas de Copán, espléndido lugar que por una feliz coincidencia visitamos nosotros también, el mero día en que la avioneta con la comitiva oficial del ilustre visitante y sus anfitriones llegaban al histórico patrimonio de la humanidad, habiéndonos correspondido tomar las fotografías de rigor sin siquiera sospechar, mucho menos esperarlo, honor que nos cupo, porque una gran cantidad de instantáneas, fueron captadas oportunamente, algunas de las cuales se encuentran en la Cancillería Nacional y otras fueron a dar hasta el Museo del Prado, principal centro histórico de Madrid, por lo que ahora que ya Juan Carlos no es más que un ciudadano común y corriente en la vieja España, ya que con su abdicación entregó totalmente todos los poderes y funciones a su hijo Felipe.

En relación a lo anterior, se nos viene a la mente, el recuerdo de otro monarca europeo que hace alrededor de tres centurias reinó en Alemania, con el nombre de Luis II y que vivió en Múnich, donde edificó su palacio real, el cual ahora se encuentra como el más importante centro turístico de ese estado de la actual Alemania.

Resulta, que en aquella época no existían las cámaras fotográficas, principal instrumento que el hombre descubrió para plasmar la historia gráfica del mundo entero, y entonces, su alteza real Luis II, apasionado de los rostros femeninos de la Europa que él había logrado conocer durante sus travesías, generalmente en carruajes halados por caballos, ya que era el único medio de transporte en aquella época, contrató a los más célebres pintores retratistas de su país y realizó un largo viaje por diferentes lugares de la vieja Europa, captando con sus invitados, las imágenes de las mujeres más bellas que permitieron ser retratadas por el puño de aquellos connotados hombres que con su arte consagraron sus efigies y le dieron fama al monarca Alemán, que transcurrido tanto tiempo su nombre sigue sonoro en la hoy reunificada Alemania, que fuera golpeada terriblemente por las fuerzas aliadas durante la II Guerra Mundial, misma que Adolfo Hitler había envuelto en la más sangrienta contienda que hasta el momento se halla vivido en el último milenio.

Ahora que nos aproximamos a la celebración de los 200 años de independencia, es preciso traer a relación esta clase de temas, para que quienes están encargados de los festejos obtengan material abundante, ahora que la tecnología moderna pone a su alcance todos los beneficios para que la conmemoración revista los caracteres de solemnidad, que semejante efeméride significa.

UN RÉQUIEM PARA DON ARTURO MATUTE GONZÁLEZ

Para hablar de este personaje polifacético, como el mejor, lo hacemos para rendirle un postrer adiós y rescatar para la historia, algo de lo mucho que este hombre aportó para el engrandecimiento de Honduras a su paso por estas tierras que el gran Heliodoro Valle llamó "de pan llevar".

Don Arturo, abogado de profesión y carpintero de oficio, incursionó en las diferentes disciplinas de la vida, lo que lo llevó a conocer casi todo el territorio nacional y numerosos países del planeta, fue un hombre afable, simpático, de estatura moral muy elevada, llenó su vida de méritos y virtudes que ahora que nos ha abandonado para no volver jamás, trataremos de rescatar, en honor al prestigio de su descendencia, que ahora acongojada llora su partida sin retorno.

Don Arturo fue un amigo entrañable de mi esposo, con quien compartió ideales y proyectos durante cerca de siete décadas, que los vinculó, ambos muy jóvenes.

Pero hay algo muy importante en la hoja de vida de este ciudadano, al que habrá que recordar siempre, porque fue un músico por excelencia, ejecutando toda clase de instrumentos, siendo un apasionado de la guitarra con la cual organizó duetos, tríos, cuartetos y hasta orquestas, como el también recordado artista don Toño Medina, trabajó intensamente en la formación de aquel conjunto musical que marcó historia en Honduras, durante más de tres décadas; tenía una voz exquisita y arrulladora, con la cual embelesaba a sus escuchas a través de las más potentes radio emisoras de Tegucigalpa. Compartió honores con el famoso trío "Los Catrachos" con Antonio Girón, Paco Zelaya, Arnaldo Laínez y Adán Fúnez Donaire, lo que encumbró mucho más su vocación y prestigio en este arte, con el que hizo gala de su talento utilizando el seudónimo Arturo Vedel, con el que conquistó lauros en la cosmopolita ciudad de México, ya que sus conciertos fueron aplaudidos multitudinariamente por aquellos hombres y mujeres del país azteca, que rigurosamente marcan el ritmo de los auténticos valores que pulsan sus habilidades artísticas, en los escenarios de los más prestigiados centros sociales de aquella gran ciudad.

Don Arturo también fue militar académico, pues formó parte de la recordada guardia de honor presidencial en tiempos del General Tiburcio Carías Andino, cuyos miembros eran unos verdaderos caballeros cadetes, no solo por la impecabilidad de sus uniformes, sino por la conducta ejemplar que sus instructores les inculcaban para su comportamiento con la sociedad.

Una de las facetas más importantes en la existencia del abogado Matute González, fue precisamente su paso por la Dirección Nacional de Aeronáutica Civil, institución del estado en la que trabajó día y noche, como Contralor de Aviación Civil y Militar, lo que le sirvió para acrecentar el inmenso mundo de amistades que logró cultivar en su transitar por la vida. Fue poeta y compositor de música con auténtico sabor catracho, poemas y canciones que compartió entre otros con sus recordados amigos José León Valladares, Noé Daniel Miralda, Servando Escoto Laínez y otros maestros de la música de aquellos tiempos de oro en que el bolero, el chachachá y el mambo hicieron su aparición en el continente.

Además fue un auténtico líder que aglutinaba primorosamente a quienes tenían la oportunidad de compartir honores con él, sobre todo cuando fue presidente de la Asociación Nacional de Jubilados y Pensionados del Poder Ejecutivo (ANJUPEH), organización gremial que condujo con el mejor éxito, por cerca de diez años, durante los gobiernos en el INJUPEMP del abogado David Mendoza Lupiac, licenciado Lucio Izaguirre y periodista Andrés Torres h., en el que logró organizar filiales en diferentes regiones del país, en las que también se inauguraron sus propios edificios sede; a él se debe la creación de la funeraria para los adultos mayores, de cuyo funcionamiento ignoramos su paradero.

En fin, con su fallecimiento en realidad ha dejado un vacío difícil de llenar, porque hombres como don Arturo Matute González no nacen todos los días en Honduras, ni en ningún otro lugar de la tierra, por eso, nosotros que tuvimos la agradable oportunidad de ser sus amigos, además de llorar su viaje al más allá, dedicamos estas líneas a su ilustre y recordada memoria en señal de gratitud, admiración y respeto, porque independientemente de todo lo anteriormente dicho, fue un hondureño solidario por naturaleza.

Un réquiem para este amigo y nuestras reiteradas demostraciones de sentimiento de dolor, para todos sus seres queridos diseminados por los cuatro puntos cardinales de la república.

Descanse en paz don Arturo, que la tierra le sea leve y que las siempre vivas del recuerdo permanezcan frescas en el lugar donde ahora se encuentra.

UNA DAMA FUERA DE SERIE

Cuando una mujer es madre, esposa, hija, hermana, abuela, amiga y mucho más, además de enfermera, secretaria, cocinera, lavandera, mandadera y cuantos afanes más propios de una fémina fuera de serie, esa mujer tiene un nombre: Heroína. Pero, también se convierte en mártir, cuando dentro de sus responsabilidades le corresponde atender prácticamente a tres personas que requieren de cuidados especiales.

Sin embargo, ella es de carne y hueso, tiene un gran corazón, piensa y siente; y cuando acuden a su organismo algunas dolencias, se las resiste con estoicismo y resignación, porque no le queda otra, pues, no tiene quien vele por ella. Cómo podríamos llamar a esto? Simplemente, una madre fuera de serie.

Esta bella dama se llama Elsa, pero, ella misma se hace llamar "Elsa dolores", porque a veces tiene momentos tormentosos, terriblemente dolorosos, que además de angustiarla la desesperan y la sacan de quicio y llora, llora sin parar.

Sin embargo, ese sufrimiento, esas lágrimas, ese llanto de mujer noble, la vuelve indómita, rebelde, rebelde porque se rebela contra todos los obstáculos que se atraviesan en su camino, empero, con estoicismo, resignación y elevadísimo espíritu de superación, rompe todas esas barreras y continúa como el jinete invencible, rumbo a la victoria.

Incluso, es bueno mencionarlo porque es una verdad meridiana; carece de recursos económicos, como para merecer una vida más decorosa, más digna, sin embargo, ausente de lo que se llama riqueza material, ella disfruta de otra riqueza que es mucho más grande que la material, la espiritual.

Esta gran señora, cursó la educación primaria, luego ingresó a la media, con los correspondientes Ciclo Común o Plan Básico, para continuar con el Secretariado Comercial y el Ejecutivo, después alcanzó el Bachillerato, y buscó la preparación universitaria logrando su objetivo y con excelencia académica adquirió el título de Comunicadora Social y Pública; enseguida se matriculó en la UPNFM donde obtuvo el Diplomado en Estudios de Formación Pedagógica en Educación Superior, no sin antes haber saboreado con satisfacción la obtención del noble título de Enfermera Auxiliar, contando también con conocimiento del habla inglesa, combinando todo ello con las técnicas del modernismo que exige este mundo en su acelerado crecimiento, incluyendo la fotografía profesional, especializándose mediante estudios adquiridos en la redacción de sesudos e influyentes artículos de opinión desde hace aproximadamente quince años, mismos que son publicados con frecuencia en el diario más influyente de Honduras, La Tribuna y algunas revistas de gran prestigio tanto a nivel nacional como internacional.

Todo ese bagaje intelectual la retrata de cuerpo entero y esa es la razón fundamental que me ha inducido a dedicarle estas líneas, que confío han de estimular mucho más sus infinitas ansias de superación, que las mantiene como que si hoy fuera ayer.

Esta es la imagen de una hondureña excepcional, que si bien ha gozado los frutos de cuatro hijos, siete nietos y un marido que la ama y la respeta, esto es en el orden espiritual; en el orden material, ha sido objeto de algunos reconocimientos de diferentes instituciones que han valorado en ella su talento, abnegación, sacrificio y perseverancia.

No obstante, lo singular, lo extraordinario en este caso, es que las barreras del tiempo jamás fueron obstáculo para sus ansias de crecimiento, ya que para ella, la edad nunca fue un óbice en su indisoluble afán de desarrollo.

Aspecto importante en Elsa, es el don de la solidaridad que siempre la ha acompañado, prácticamente desde que era niña, en que compartió con sus compañeras y compañeros todo lo que estuvo a su alcance para ese menester.

Integró algunas instituciones sin fines de lucro, sin devengar absolutamente un centavo, simplemente imbuida de un voluntariado que solamente Dios con su poder infinito sabe cómo le arrancó fuerzas de flaquezas, para seguir haciendo como dicen en el argot popular, "de tripas corazones"

Hay mucho más, que podríamos incluir en esta hoja, ahora que en Honduras celebramos con amorosa ternura el día consagrado a la mujer madre o a la madre mujer.

Benditas sean todas las madres y una plegaria infinita para las que ya se encuentran a la diestra del Señor. Loor y un clavel rojo para las que aún viven, particularmente para la mujer de este relato cuyo nombre es Elsa Ramírez García.

En la antesala del Día de la Madre hondureña, va este mensaje lleno de amor, ternura, gratitud y admiración perpetua a la que debe llamarse mujer del año, no en Honduras ni en América, sino a nivel mundial, porque quien lea con detenimiento estas líneas, sabrá colocar estas reflexiones en la fiel balanza de la inefable justicia.

VANDALISMO Y DESTRUCCIÓN VERSUS CULTURA

Comenzaremos aceptando en toda su dimensión, la definición académica de la palabra cultura, para que nuestros lectores se formen una idea de lo que después apuntaremos en este comentario.

Al respecto la máxima institución mundial de carácter formativo -RAE- expresa lo siguiente: Cultura: "Conjunto de conocimientos que permite a alguien desarrollar su juicio crítico. ... Conjunto de modos de vida y costumbres, conocimientos y grado de desarrollo artístico, científico, industrial, en una época, grupo social, etc."

Ya los griegos y los egipcios nos legaron enormes ejemplos de lo que hace miles de años ellos vienen practicando en aras de la imaginación de que es capaz el hombre y la mujer, cuando desde niño le enseñan a amar a su país.

Aquí, lamentablemente, hay que decirlo, sin ambages ni titubeos, estamos perdiendo todo lo hermoso y grande que en materia cultural habíamos alcanzado gracias a lo que los hombres de antaño consagrados a esta materia, nos dejaron para la historia.

Lo anterior viene a relación con un deleznable y bochornoso suceso que nos coloca una vez más frente a los ojos del mundo, como un país de escasos conocimientos y muy poco amor de sus habitantes hacia lo que se puede definir de una sola vez como la pérdida de la Identidad Nacional, cuyo contenido encierra todo, absolutamente todo, lo que los hondureños poseemos como nación.

Resulta que hace pocos días, fuimos sorprendidos con la abominable noticia de que el monumento a Juan Ramón Molina, erigido en 1958, con motivo del cincuentenario de su fallecimiento por personas con auténtica vocación hondureñista, pensando solamente en lo grande que se pueda hacer por nuestra querida Honduras, levantaron este homenaje al más preclaro varón de la literatura nacional, el eximio Juan Ramón Molina; hoy sometido a la más brutal ofensa a su memoria, que definitivamente merece el repudio de la inmensa mayoría de compatriotas que saben a ciencia cierta quién fue este egregio varón de nuestra cultura. Horrible, espantoso y vergonzoso el ensañamiento que los vándalos hicieron para cometer su fechoría, al arrancar de su pedestal el busto en mármol que fue colocado en el Cementerio General de Comayagüela, acto que estamos repudiando desde lo más íntimo de nuestro bagaje molinense.

Hace unos cuatro años, viajamos a la ciudad de León, Nicaragua, para asistir a un Simposio Dariano, rememorando así la gigantesca obra de aquél genio centroamericano que se llamó Rubén Darío. Lo más impresionante de este viaje fue visitar la hermosa Catedral de esa ciudad heroica y contemplar en toda su magnitud, el esplendor, la belleza y el profundo amor que los nicaragüenses guardan por su gran Darío; este tributo a perpetuidad, de reconocimiento que Darío le impulsó a Nicaragua, es venerado y admirado por propios y extraños al pie del santuario mayor de la principal iglesia católica del vecino país, sus restos mortales descansan en una urna construida de mármol de carrara, lujosamente confeccionada por manos prodigiosas que encumbraron así, mucho más, la presencia de este hombre predestinado que tanto prestigio le ha dado al continente americano.

Entonces, llegamos a la conclusión de que existe una abismal diferencia entre Nicaragua y Honduras en este campo, en el que sí existe un auténtico amor a sus próceres en las diferentes áreas del quehacer humano.

Pero, no todo está perdido, algunos miembros del llamado Círculo-Histórico Cultural Hondureño Juan Ramón Molina, inmediatamente que fueron comunicados del desastre acontecido en el Cementerio General, encendieron sus luces y comenzaron a contactar a sus diferentes embajadores culturales, diseminados por diferentes partes del planeta.

Los primeros en responder fueron el connotado artista Johnny McDonald, hombre genial al cien por ciento, que desde ese momento ha puesto a prueba toda su entrega y reconocimiento al talento inigualable del gran Juan Ramón, a tal extremo que se comprometió a restaurar en el menor tiempo posible el daño causado al artístico busto de Molina, y no solo eso, sino que contactó inmediatamente a su buen amigo, abogado África Madrid, ex ministro de Gobernación, quien de inmediato respondió positivamente, informando que él correría con los gastos que este trabajo significará para su restauración. Nuestros contactos internacionales, los embajadores de la cultura Juan de Dios

Gutiérrez y Aguilera y Ángel Rafael Lanza Reyes, respondieron inmediatamente y prometieron enviar el dinero necesario para contribuir también al desagravio de este brutal atropello al símbolo de la intelectual catracha.

Los miembros del círculo molinense se reunieron el recién pasado miércoles, habiendo asistido entre otros el escritor y filósofo Segisfredo Infante; abogado e historiador Froylán Ochoa Alcántara; licenciada en periodismo Gloria Ludivina Díaz; escultor Alexis Castillo, la también licenciada en comunicación social Elsa de Ramírez y quien suscribe, para con sus ideas agilizar esta actividad que debe ser preocupación, no solo de quienes están afiliados al círculo molinense, sino también, a las autoridades municipales del Instituto Antropología e Historia y la propia Dirección General de Cultura.

En la lluvia de ideas que se formularon el día señalado, se plantearon asuntos de muchísima importancia, los cuales, Dios mediante, con la ayuda monetaria prometida por los hondureños arriba mencionados, se llevará a feliz término, pues en el proyecto involucraremos, incluso, a la máxima casa de estudios de Honduras UNAH.

VOLARON AL CIELO TRES HONORABLES DAMAS

Finalizando mayo, la parca, con su inexorable actividad, nos dejó la desagradable sensación con el fallecimiento de las distinguidas damas Carmencita Fiallos Tábora y Camilita Midence Soto y al solo iniciar junio, nuevamente nos sorprende con su desagradable presencia al llevarnos a Adelaida (Adelita) Reyes de Valdovinos, tres honorables y distinguidas damas que a su paso por la vida marcaron huella y sus nombres al desaparecer físicamente, recobran vida porque las tres fueron mujeres ejemplares en el amplio sentido del vocablo.

Carmencita, la inefable Carmencita, esa que tantas veces deleito nuestros ojos y oídos con su mímica y cantarina voz de alondra, fue una mujer excepcionalmente talentosa, ya que cultivó la ciencia del magisterio, el cual ejerció en los primeros años de su vida en su aristocrática y señorial Santa Rosa de Copán, su cuna de nacimiento.

Después vino a Tegucigalpa, se enroló en una de las principales oficinas gubernamentales y desde allí fue objeto de varias becas al exterior, dada su inteligencia nata y su insaciable sed de cultivar la ciencia y la cultura, lo que la encumbró por los más altos foros, tanto nacionales como internacionales en la que ella siempre descolló como oradora, declamadora y maestra de vocación. Fue una escritora notable que deja para las presentes y futuras generaciones un hermoso legado de obras, destacándose entre las mismas, "Los municipios de Honduras", que tanto prestigio le dieron.

Doña Camila Isabel Midence Soto de Pierrefou, fue una acaudalada señora, nieta del recordado empresario don Santos Soto, de quien heredó su vocación por los negocios, los que supo manejar con exactitud, transparencia y rotundo éxito, ya que sus padres la prepararon para ese objetivo, habiendo realizado estudios en Estados Unidos y Europa, desde donde regresó a su tierra, para dedicarse de lleno a la administración de sus empresas que día con día crecen en nuestro país.

Doña Camila deja una huella indeleble, de mujer ejemplar en nuestra Honduras, al haber demostrado durante su dilatada existencia que las de su género, cuando se lo proponen, saben manejar con profesionalismo las múltiples empresas que ponen a su alcance.

Y al reventar el alba de un nuevo junio, otra vez la dichosa parca nos vuelve a golpear hasta lo más recóndito de nuestro ser, con la infausta noticia del fallecimiento de doña Adelaida (Adelita) Reyes de Valdovinos, mujer del Sur, creada en el Norte y destacándose en Tegucigalpa por sus múltiples hechos tangibles e imborrables, que la vuelven algo así como un paradigma de mujer llena de virtudes y méritos que logró capitalizar mediante el trabajo y la solidaridad.

Doña Adelita, fue la amantísima esposa del recordado amigo Ciro Valdovinos, con quien por muchos años regenteó el hospedaje o bordin- house en el que tuvo siempre como huéspedes a sobresalientes figuras de la intelectualidad nacional como Alejandro Rivera Hernández, Francisco Lagos h., Héctor Bermúdez Milla, Adolfo Alemán, Servio Tulio Mejía y muchos otros legendarios personajes que con su talento han hecho historia en esta bien aventurada Honduras.

Doña Adelita deja varios hijos, nietos, bisnietos y posiblemente tataranietos diseminados en todo el país y en el exterior, por lo que su deceso ha causado profunda consternación entre sus deudos y múltiples amistades, las que ella supo cultivar con mucho respeto, esmero y amor, ya que su casta familiar le enseñó precisamente las legítimas reglas de moral y urbanidad que deben acompañar siempre a toda persona honesta.

Nosotros que tuvimos el honor de cultivar la amistad, sobre todo con Carmencita y Adelita, hemos sentido hondamente su partida sin regreso y elevado plegarias al Dios Todopoderoso porque sus almas buenas y generosas estén ya a la diestra del Señor, descansando en la paz eterna.

A doña Camila Midence Soto, tuvimos el honor de conocerla cuando era una adolescente, posiblemente de quince o dieciséis años, a quien desde entonces admiramos, respetamos y guardamos eterna gratitud por su espíritu filantrópico y su don de gente que la acompañó hasta el último día de su existencia.

Naturalmente, que en el curso de los días en que se nos fueron estas tres honorables damas, sin duda fallecieron otras altas personalidades, cuyos nombres ignoramos, por no haber tenido el honor de conocerlas, por lo que nos limitamos a exaltar a estas tres grandes hondureñas, que dejan un vacío difícil de llenar y que hoy como en el poema de Juan Ramón Molina, "Salutación a los Poetas Brasileños"... volaron al más allá para perderse en el horizonte igual que el cóndor, el búho y la paloma cándida, símbolo del amor.

Que las siempre vivas del recuerdo no desaparezcan jamás de la mente de quienes tuvimos la gracia de conocerlas y que hoy les rendimos este postrer adiós, diciéndoles hasta pronto.

VIVA LA VIDA

Con ese grito de alegría y satisfacción, la ilustre y siempre bien recordada maestra doña Matilde Medina de Izaguirre (Q.D.D.G.), demostró su gratitud y alegría hace aproximadamente tres años, cuando recibió un merecido reconocimiento, en unión de 36 personalidades más de nuestro medio, auspiciado por la Asociación Nacional de Jubilados y Pensionados de la UNAH (AJPUNAH), que de esa manera premiaron la sostenida actividad de estos 37 hondureños que tanto lustre le han dado a la patria a través de las diversas labores que han desarrollado en los campos del saber, la cultura, la ciencia, el arte y la honestidad comprobada de cada uno de los agraciados.

Además de la honorable mentora Medina de Izaguirre, recordamos en esa memorable noche a Sor María Rosa, la que confesó con enorme satisfacción en esa oportunidad, que más de 87mil criaturas habían sido rehabilitadas a través del programa que desde hace alrededor de cuatro décadas sostiene esta religiosa irrepetible.

También fueron galardonados otros personajes como el abogado Miguel R. Ortega, doctor Enrique Aguilar Paz-Cerrato, ingeniero Luis Armando Moncada Gross, doctor Dagoberto Espinoza Murra, los comunicadores Nahúm Valladares y V., Napoleón Mairena Tercero, quien suscribe y otros destacados elementos de la sociedad hondureña.

Pero, volviendo a doña Matilde, mujer sumamente bella, hermosa y sobria en su conducta y en su forma de vestir, la recordamos allá por 1949, cuando en el recordado Instituto Honduras, que por entonces rectoraba el abogado Héctor Pineda Ugarte con la asistencia de su colega Gustavo Adolfo Alvarado integraban un equipo de catedráticos irrepetibles, en colegio alguno de nuestro país, pues además de ellos figuraban en el círculo docente Modesto Rodas Alvarado, Oscar A. Flores Midence, Juan Miguel Mejía, Francisco Villars, Edmundo Sánchez, Federico Fortín, Ramón Maradiaga Valdivia y las maestras Maruca Pacheco de Díaz Gómez, Jesús Celina Durón, la secretaria perpetua Toyita y doña Minga Durón de Mora.

La profesora Matilde de Izaguirre, impartió como la mejor la clase de castellano o español como se le conoció en su momento, la que a pesar de su juventud en aquellos lejanos días, lo hizo con una sapiencia extraordinaria, de tal forma, que por muy distraído que fuese el educando, ella mantenía la atención fija a sus enseñanzas, no solo por la dulzura de su voz y su simpatía innata, sino por la originalidad con que enseñaba tan difícil materia, de tal forma que quienes tuvimos la oportunidad y el honor de ser sus alumnos, hoy día, recordamos con nostalgia a una maestra tan querida y respetada como fue ella.

A mi mente vienen los nombres de algunos compañeros de aula en ese célebre colegio de educación media como René Pineda Mejía, Manuel Mora Durón, Hernán Rodríguez Najarro, los hermanos Héctor y Marco Tulio Quiroz, Luis Alberto Tenorio, Marco Vinicio Ordóñez, Juan Ramón Ortega, Francisco Alfredo Santos, Virgilio Estrada, Aníbal Vallejo Larios, Oscar Sosa, Alberto Alvarado y otros profesionales de las ciencias mercantiles que mucho han honrado su profesión y que antes de su graduación ya tenían trabajo seguro en los bancos y demás instituciones comerciales e industriales del país, dado el prestigio de que gozaba el Instituto Honduras, hoy H.P.U.

Otro personaje entre los muchos que enriquecieron con su presencia intelectual la membresía educacional del Honduras fue, su subdirector licenciado Gustavo Adolfo Alvarado, ciudadano de ilustre prosapia, la cual revelaba o destacaba en su impecable forma de vestir y de tratar a sus semejantes. Además era un apasionado del deporte, un profesional de la fotografía y un declamador exquisito. Existe un colegio con su nombre en honor a su consagración como ciudadano útil que fue a la patria; era originario de Amapala, Valle.

Pues bien, a doña Matilde de Izaguirre la conocimos residiendo en la 4ta. Avenida de Comayagüela, junto a su honorable esposo don Carlos Izaguirre h., primogénito de aquél otro gran ciudadano, distinguido mecenas que falleció en la ciudad de Washington, D.C., cuando se desempeñaba con el alto cargo de embajador y ministro plenipotenciario de Honduras ante el pueblo y gobierno de aquella gran nación: profesor Carlos Izaguirre.

Doña Matilde, siempre tuvo pasión por el Yoga y eso la llevó a incursionar a través de la lectura de la cual fue una fanática de los grandes escritores universales, por lo que este hábito la encumbró por los más altos niveles de la enseñanza media, consagrando sus últimos años a la cátedra permanente en el prestigiado centro educativo Escuela Americana, cuyo personal docente y alumnado deploran su partida sin retorno, uniéndose sin duda alguna al profundo vacío que esta hondureña cinco estrellas deja en el ambiente familiar.

Hoy si podemos decir con certeza que Honduras pesa menos, porque esta gran señora fue una predestinada. Descanse en paz.

Y LOS DOSCIENTOS AÑOS DE INDEPENCIA

El gobierno de la república, oficializó mediante juramentación presidencial, la comisión nacional encargada de los actos conmemorativos del II Centenario de la Independencia de Centroamérica y por ende, como es lógico, la de nuestra querida Honduras en 1821.

Resulta, que esta ceremonia de juramentación se efectuó si mal no recordamos, en el 2017, y vertiginosamente va corriendo ya el 2019 y no vemos señal alguna por ningún lado, de la existencia y funcionamiento de esta comisión, integrada por sobresalientes figuras de la intelectualidad hondureña, que con fervor y patriotismo aceptaron tan honrosa designación de manera ad honorem, es decir voluntariamente, como una contribución al fomento y desarrollo de la historia y la cultura nacionales, situación, en la que sí están inmersos los demás países que antaño formaron la Federación Centroamericana, vale decir Guatemala, El Salvador, Honduras, Nicaragua y Costa Rica.

El evento en referencia hace casi cien años en 1921, siendo gobernante de la república el general Rafael López Gutiérrez, con la anticipación debida formó una comisión similar a la de ahora y fueron muchos y atractivos los actos que se realizaron en tan solemne celebración, de cuyos trabajos aun guardamos el pequeño obelisco que se yergue en Comayagüela, en el parque que lleva su nombre, el que por supuesto, con el paso de los años se ha ido envejeciendo, deteriorando y tomando un aspecto nada atractivo como lo reclama un monumento de semejante envergadura que en cualquier otro país, permanentemente vestiría sus mejores galas como centro de atracción turística, tal como luce, para solo citar algo, la Torre Eiffel en París o la Estatua de La Libertad en Nueva York.

El tiempo pasa raudo y todos los hondureños, imbuidos de nuestra responsabilidad ante las presentes y futuras generaciones, debemos recordar y apurar a quien corresponda para que procedan a la elaboración de la parte física que dichos actos ameritan, tales como la ampliación o restauración total del puente Mallol que es el mejor testimonio del legado que hace dos siglos nos dejaron nuestros antepasados.

Por supuesto, que dos centurias después todo ha cambiado y la tecnología moderna, felizmente, nos permite hacer maravillas a estas alturas, máxime si solicitamos cooperación de organismos afines, para que los doscientos años revistan los caracteres de altura que merece.

Las universidades públicas y privadas, las Fuerzas Armadas, el COHEP, la Cancillería Nacional, Asociación de Prensa Hondureña, Colegio de Periodistas, Academia Hondureña de Geografía e Historia, Academia Hondureña de la Lengua y muchas instituciones más de carácter cívico-cultural, estamos seguros que están esperando la iniciativa de dicha comisión para entrarle de lleno al proyecto, que prácticamente está a la vuelta de la esquina, pues el tiempo pasa volando y si no actuamos con espíritu preventivo, nos va a sorprender el mismo, con los pantalones en las manos y podemos salir con cualquier chabacanada a la hora de las horas, haciendo el ridículo frente a lo monumental que los restantes países del área están preparando desde hace meses atrás.

Aquí, tenemos que sacudirnos la modorra, la indiferencia y la anti patria y tomar con verdadera responsabilidad la antorcha de la verdad, para con ella, iluminar el camino que nos lleve a un mejor destino en una causa de tan relevantes méritos como es el II Centenario de la Independencia Nacional.

La misma España, de la cual nos desligamos de su tutela el 15 de septiembre de 1821, estamos seguros que como responsable de nuestro descubrimiento, colonización y republicanismo, nos ofrecerá su apoyo intelectual, moral y porqué no, económico, para convertir el acto en uno de los sucesos más grandes del Siglo XXI y para ello, no hay nada más fácil que tocar puertas, incluso, ante el Foro Mundial de las Naciones Unidas y los regionales como el Parlacen, BCIE, Corte Centroamericana, SIECA y demás organismos regionales con cuyo concurso lograremos un buen despegue y ejemplar celebración, siempre y cuando se le dote de los instrumentos necesarios a la tantas veces mencionada comisión oficial de la Conmemoración de los 200 años de la Independencia.

El presidente de la república, abogado Juan Orlando Hernández Alvarado y el del Congreso Nacional doctor Mauricio Oliva, son los principales autores de este episodio histórico, cuyos nombres pasarán precisamente a las páginas con que se escribe la historia como los mejores o los peores protagonistas de esta efeméride, digna de la mayor atención, atención que debió prestársele ayer, porque de repente, mañana sea muy tarde y salgamos, como dejamos dicho líneas arriba, con un domingo siete o con una chabacanada como se dice en el argot popular.

La misión nos corresponde a todos los hondureños y por supuesto que la prensa a través de sus diferentes medios, tienen una responsabilidad enorme en este juicio histórico, por lo que excitamos muy respetuosamente a los colegas con las diversas herramientas a su alcance para que comencemos una campaña abierta, cual si estuviésemos en período electoral para de esta manera motivar e integrar a todos los hombres y mujeres que formamos parte de este girón centroamericano.

1938

En 1938 se inició la modernización de las avenidas y calles de Tegucigalpa con la pavimentación, o mejor dicho con el adoquinamiento de las mismas, ya que estas además de dotarlas de la infraestructura necesaria, vale decir tuberías para agua potable, aguas lluvias y aguas negras, fueron cubiertas con arena y un material especial similar al cemento que servía para fortalecer los bloques de adoquín que eran fabricados en la Penitenciaría Central por los reos ahí internos, quienes trabajaban en el sitio denominado "La mora", trabajo un tanto cruel y peligroso, pues muchos de los fabricantes de adoquín quedaron ciegos de por vida, ya que las esquirlas de la piedra bañaron sus ojos, pues para entonces no existían protectores de ninguna especie.

La piedra con la cual eran elaborados estos bloques provenía del lugar llamado Saucique, ubicado a inmediaciones de las colonias Carpintero y Sagastume en la vieja carretera a Olancho, sobre el río Choluteca, de una enorme cantera que posteriormente sirvió para montar una moderna fábrica de arena y grava fundada por los ingenieros Rafael Castillo de origen chileno y Humberto León de origen chino, la que prestó grandes servicios a los constructores de la época, habiendo desaparecido sabrá Dios porqué causas.

Volviendo a los bloques de adoquín, estos eran fabricados como queda dicho, por los reclusos de la PC (Penitenciaría Central) que cometían alguna falta grave y entonces como castigo lo enviaban a la Mora a picar piedra; sin embargo, otros se volvieron expertos en la elaboración de estos bloques a quienes se les pagaba diez centavos por unidad, lo que quiere decir que, si fabricaban cinco al día, recibían cincuenta centavos.

Estos trabajos de adoquinamiento de Tegucigalpa arrancaron precisamente a la altura de la boca calle que conduce al Parque Central y queda donde antes estuvieron el Hotel Ritz (Prado) y la farmacia Ramírez hoy Edificio Fiallos Soto, pasando por un costado de la Catedral Metropolitana, Parque Central, doblando hacia la izquierda para llegar hasta donde antes estuvo el palacio presidencial, hoy Museo de la República y el director de la obra era el ingeniero Sabino Alfredo Mass y otros destacados profesionales de la ingeniería de aquella época que tuvieron la responsabilidad de embellecer la mayor parte de las arterias viales de lo que hoy se conoce como "Casco Histórico de Tegucigalpa".

Estas calles eran admiradas por propios y extraños, ya que lucían de tal forma que se asemejaban mucho a las de París o Londres; con el tiempo algunos alcaldes decidieron colocarles asfalto, lo que como es natural cambió la imagen original.

Ya en tiempos de Gálvez se comenzó la modernización de las calles de Comayagüela, utilizando en algunas cemento y arena, porque la fabricación adoquines había desaparecido de la PC; otras arterias de la ciudad fueron embellecidas con asfalto y así sucesivamente, Tegucigalpa, con una extensión territorial que sobrepasa los 500 km2 ha sido dotada de este vital servicio, evitando así la polvareda y lodazales de antaño, sin embargo, por lo antiguo de algunas vías estas se han deteriorado de tal manera que con el transitar de los miles de automóviles que actualmente funcionan en la metrópoli, a menudo la Alcaldía tiene que invertir grandes cantidades de dinero y muchas horas de trabajo para cubrir los enormes agujeros que en el argot popular se les conoce como cráteres.

1940

En 1940, en Comayagüela se construyó el primer hotel de lujo bajo la responsabilidad del maestro constructor de origen español Aurelio Peña, por encargo del empresario Elías Bendeck padre del también empresario Zacarías, del mismo apellido, edificio de tres plantas que fue bautizado con el pomposo nombre de Hotel Panamericano, ubicado exactamente frente al parque La Libertad a un costado del hospital La Policlínica y oficinas principales de la Cruz Roja Hondureña en la 7ª. Calle entre 2ª. Y 3ª. Avenidas de Comayagüela. Este inmueble posteriormente sirvió para alojar ahí algunas facultades de la Universidad Central entre ellas Medicina, Farmacia y Odontología, cuando se construyó la ciudad universitaria ya en tiempos del doctor Villeda Morales el edificio fue abandonado y se estableció ahí la Secretaría de Trabajo y Previsión Social, hasta 1998, cuando el tristemente célebre Huracán Mitch hizo estragos por esa zona habiendo dañado ostensiblemente las oficinas de esa dependencia gubernamental.

Ya para entonces, se comenzó la construcción del hotel Lincoln de la familia Asfura, exactamente frente a las oficinas del Correo Nacional. Con el Lincoln también nació El Marichal, se remodeló el Ritz y se le cambió el nombre por "Prado", se construyó el hotel Saboy que posteriormente se llamó "La Ronda", también se fundó el hotel Boston y así sucesivamente a medida Tegucigalpa crecía fueron aumentando los hoteles y en 1964 se inauguró solemnemente el majestuoso edificio del hotel Honduras Maya, toda una obra arquitectónica que embelleció totalmente la zona de Palmira y por supuesto aumentado de precio las propiedades adyacentes.

Era la época en que de Cuba llegaban los libros de lectura bellamente confeccionados bajo el membrete Colección Sembrador, del primero al quinto grado y de España, otra colección de nombre Ingenuidades; pero también las revistas infantiles y de entretenimiento de la chiquillada que aquellos lejanos días disfrutaba con la lectura del billiquen, de La Argentina; El peneca de Chile; El Chamaco de México y los pasquines de otras nacionalidades; sin faltar las revistas serias para la gente mayor como Selecciones de Estados Unidos y México o la revista Bohemia y Carteles de Cuba ¡ah qué tiempos aquellos! El precio de la revista

Selecciones era de veinte centavos de lempira y el Almanaque Bristol se conseguía totalmente gratis sobre todo en las farmacias de la comunidad, lo mismo que los calendarios, debidamente ilustrados con artísticas fotografías de diferente naturaleza.

Atrás quedaron los juegos de barriletes o papelote, trompos, mables, yoyos, tejos, escondite, etc. Etc., y las travesuras propias de todo infante.

Este otro torreón ahora en ruinas, es un fiel testimonio de la estricta vigilancia que se ejercía en la vieja Penitenciaría Central, la cual fue abandonada durante el gobierno del doctor Carlos Roberto Reina en 1994 al 98 y trasladada a su nuevo y moderno edificio ubicado en la aldea de Támara en la jurisdicción de este Distrito Central.

1947

A los 13 años, siendo todavía imberbe, ingresé a la Escuela Vocacional Marcos Carías Reyes, anexa a la Penitenciaría Central, en calidad de interno o alumno.

Penetraba a un mundo totalmente distinto, en el que no se miraba un rostro sonriente entre aquel bullicio de gente compuesto por prisioneros, soldados guardianes, personal administrativo, uno que otro profesor de Educación Media y sobre todo la presencia de alrededor de 500 alumnos que integraban dicha escuela, que era algo así como un reformatorio al que ingresaban muchachos cuyas edades oscilaban entre los 8 y los 13 años, precisamente; algunos por conducta irregular, otros por inclinaciones a los vicios e indomables hasta la saciedad; pero una gran cantidad eran hijos de madres solteras, que precisamente por su condición de tales tenían que trabajar fuera de sus hogares y sus hijos quedaban prácticamente a la deriva, expuestos a todas las calamidades que se viven por la condición de pobreza material.

La inmensa mayoría de estos muchachos se encontraban ahí prácticamente a la fuerza, por lo que algunos intentaron fugarse sin que lo consiguieran, pues las condiciones de seguridad impuestas en ese centro eran exactamente igual a las que se les imponía a los adultos presos, por diferentes delitos cometidos en perjuicio de la sociedad; la vigilancia era estricta y rigurosa, pues como se puede comprobar todavía las ruinas o escombros de aquella fortaleza que fue construida en 1880 durante la administración del doctor Marco Aurelio Soto y que había sido construida para albergar 500 reos, en el año arriba citado.

Sin embargo, ya para 1947, esta población andaba por alrededor de 3 mil personas; incluso en celdas especiales construidas a propósito se encontraban las mujeres presas que también habían cometido algún delito contra las personas o la propiedad.

La primera experiencia fue conocer el lugar donde iba a dormir, me tomaron las medidas del caso para confeccionarme el uniforme color café y los zapatos negros que debía portar con el correspondiente birrete; posteriormente conocimos a un coronel llamado Encarnación Turcios, del cual nunca supimos por qué se encontraba preso, pero era el director militar que teníamos, ya que había otro director escolar llamado Augusto Villafranca; enseguida, fuimos presentados ante seis oficiales con grados de subteniente entre quienes figuraban el que después llegara a ser Ministro de Gobernación y Justicia con el grado de Coronel, Alonso Flores Guerra, con él Gilberto Suazo, Eulalio Flores Andino, Marco Tulio del Cid, Rigoberto Díaz Flores y Tomás Sosa, quienes eran los oficiales encargados de la disciplina militar que ahí se impartía; después una gran cantidad de sargentos I, entre quienes recordamos a Raúl Flores Auceda, Manuel Antonio Hidalgo, Evaristo Vásquez, César Barahona Ramírez, Miguel Ángel López, Salomón Sánchez Ordóñez, "Quico" Durón, Benito Fúnez, Adán Reyes Valdés, Antonio Núñez, Alberto Fiallos Oquelí y otros que se pierden en la infiel memoria, también habían sargentos II y cabos que portaban sus insignias, una chapa incrustada en el lado izquierdo de la camisa en la que se consignaba el grado de cada uno de los "clases" y por supuesto los demás usaban dicha placa sin ningún distintivo.

Me preguntaron qué oficio deseaba aprender, pues habían talleres de talabartería, ebanistería, sastrería, zapatería, carpintería, barbería, herrería, albañilería y se impartía clases de música, marimba y piano; se practicaba entre los deportes el beisbol, con el nombre de "Los peces" que compitió con los de su misma rama en aquella época como "el Verdún", El Olimpia, El Rápido de la Fuerza Aérea y en más de una ocasión resultaron campeones Los PECES, también practicaban el basquetbol y el boxeo.

Opté por el oficio de la zapatería, en la rama de alistado, como se sabe, la zapatería comprende dos áreas, ensuelado y alistado; sin embargo, solo permanecí seis meses aprendiendo dicho oficio, porque en cierta ocasión y por la inexperiencia, una filosa cuchilla se me incrustó en la mano izquierda, causando una herida profunda, por lo que tuvieron que llevarme a la enfermería, costurar dicha herida y por supuesto aborrecer el oficio, por lo que decidí mejor por la carpintería, la cual aprendí poco más o menos bien.

Dormíamos en unas tarimas de madera sin colchón, apenas una modesta almohada y una ligera cobija que en tiempo frío no nos protegía, pero ni modo; la alimentación de rutina era frijoles y arroz en la mañana, al mediodía y por la tarde, los sábados eran de fiesta porque por la tarde nos servían un delicioso nacatamal y el domingo al mediodía sopa de mondongo; todos estos alimentos eran elaborados en enormes calderas manejadas por los presos, desde la cual se le servía a la tropa de la guarnición, los propios reos, los muchachos internos y los reclutas de la Guardia de Honor Presidencial que llegaban a tomar el almuerzo.

Nos levantaban a las 5:00am, directamente a los baños comunes, completamente desnudos y a las 6:00am teníamos que estar listos para la primera hora de instrucción militar de 6:00am a 7:00am; de 7:00am a 8:00am el desayuno y de 8:00am a 12:00m a las aulas escolares en las que se servían clases desde el 1º., hasta el 5to. Grado de primaria y en media de 1º. a 3er. Curso, todos aprobados por el Ministerio de Educación. Aquí recordamos algunos maestros de Primaria como el profesor Cortés, Quintero y Fausto Lara Cerrato, en Media algunos profesores internos como Arturo Morales Chávez, Augusto Villafranca, Simón Molina Ramos, Salvador Jiménez y de afuera llegaban los también maestros Héctor Pineda Ugarte, Federico Leiva Larios, Eufemiano Claros, Rafael Jerez Alvarado, "Goilla" López y Titita Cerrato Valenzuela entre otros.

Después del almuerzo de 12:00m a 1:00pm gozábamos de un ligero receso, porque, a las 2:00pm eran dirigidos nuevamente a las aulas, hasta las 4:00pm, enseguida, hasta las 5:00pm otra hora de instrucción militar, después a cenar; de las 6:00pm a 9:00pm los alumnos de Educación Media recibían sus clases, y los demás, recorríamos los recintos o nos juntábamos en grupos para contar historias, chistes y entretenernos de alguna manera, hasta las 9:00pm que era la hora de dormir.

Hemos hecho un ligero análisis de una cara de la moneda, porque la otra podíamos llamarla trágica, ya que los chilillos abundaban, generalmente en manos de los sargentos I, que siendo compañeros eran a la vez verdugos, los que nos mantenían a raya día y noche, aplicando entre otros castigos "la escoria" que consistía en hincarnos sobre esquirlas metálicas que salían de los tornos de los talleres de herrería, a veces permanecíamos con los dos brazos arriba cargando uno o dos fusiles; también "la cheja" en la cual permanecíamos de pie durante dos o tres días en un compartimiento en que solo cabía una persona, de la cual salía solamente a comer y hacer sus necesidades fisiológicas, por lo que, cuando terminaba el castigo, con las piernas totalmente inflamadas no se podía dar paso.

Otro castigo era el de "la ranita" consistente en caminar en cuclillas con un fusil bajo las rodillas, hasta caer agotados por el enorme esfuerzo realizado; existía también "La calera" que era un sótano completamente oscuro en el cual los castigados tenían que soportar todas las inclemencias, porque ahí se defecaban, orinaban y todo aquello era cubierto con cal, lo cual era soportado por la víctima de esta cruel y despiadada manera diz que de corregir; también existía la temible "cuadra" a la cual enviaban a los castigados a recibir de veinte a treinta latigazos generalmente en la espalda, debido a esto la mayoría iba directo a la enfermería debido al flagelo de que era objeto cualquier infortunado que caía en las garras de cualquiera de los sargentos que apostaban a cual más severos y deshumanizados. Eran las torturas que teníamos que soportar hasta por una mala mirada, lo que sin duda era practicado en una época en la que no existían los derechos humanos ni ningún organismo parecido que supervisara la forma de vida de aquellos infelices, víctimas de la peor violencia jamás vivida.

Cabe señalar que similares castigos o acaso más crueles les eran aplicados a los prisioneros y a los mismos soldados, indiscriminadamente.

Sin embargo, el día domingo era día de visita para los familiares de los internos, día de inmenso regocijo porque además de saludar generalmente a la madre o algún otro pariente cercano, este llevaba algunas bolsas llenas de alimentos, los cuales compartíamos con algunos otros compañeros que no tenían absolutamente nadie que los visitara. Ese día también, en horas de la tarde la marimba hacía su agosto, pues los compañeros mayorcitos tenían permiso para bailar con algunas muchachas amigas o familiares que llegaban de visita. Aquí tengo que reconocer que había excepciones, en cuanto a la alimentación se refiere, porque los seis oficiales arriba mencionados y los jugadores de beisbol comían "frito".

Había otro grupo de compañeros a quienes se les denominaba "cornetas" porque eran los que habían aprendido a utilizar estos instrumentos musicales de viento y con su música amenizaban los desfiles que interna o externamente se realizaban. Entre los mejores "cornetas" recordamos a Rigoberto Cárdenas, Luis Alonso Morel, Roberto Amador y otros que ejecutaban brillantemente tales instrumentos.

Había algunos homosexuales a quienes denominaban "guayabitas" o "huecos" los que a menudo eran sometidos a despiadadas sanciones; sin embargo, esta "enfermedad" nunca fue tratada sicológicamente y así, muchos de ellos fuera de la escuela seguían con su práctica.

En 1948 egresó la primera promoción de alumnos graduados con certificado en mano listos para ejercer el oficio de su preferencia; ese mismo año salieron los seis oficiales, algunos de los cuales buscaron la Escuela Básica de Armas para incorporarse a la oficialidad, ya que el grado que ellos ostentaban los acreditaba para tal rango, otros ingresaron a la Escuela de Cabos y Sargentos para continuar sus estudios militares y más de alguno a la famosa Escuela de Artes y Oficios que era algo así como una universidad, similar a cualquier alta casa de estudios superiores, por la excelente enseñanza que ahí se impartía; otros buscaron la Escuela del Malcotal en Minas de Oro, otros a la Escuela Agrícola Panamericana de El Zamorano y muchos más siguieron estudios superiores graduándose de maestros, peritos mercantiles y otros todavía más llegaron a ser abogados, ingenieros y economistas.

Recuerdo el nombre de Mateo Caballero, un barbero virtuoso de la guitarra que fue descubierto por un norteamericano en la ciudad de San Pedro Sula, ya que Caballero ejerciendo la peluquería en sus ratos de ocio ejecutaba la guitarra, de tal forma que, el gringo en referencia indiscutiblemente amante de la buena música lo escuchó en cierta oportunidad y de inmediato lo motivó para que viajara a los Estados Unidos e ingresara a un conservatorio de donde egresó para ofrecer conciertos en el Metropolitan de Nueva York, Bellas Artes de

México y Colón de Buenos Aires, habiendo pasado su fama o prestigio, totalmente desapercibido por la prensa de nuestro país, de aquél entonces, pues no existe una sola línea en la que se informe de las cumbres que logró escalar este gran hondureño.

Es de hacer notar, también, que las Fuerzas Armadas de nuestro país enriquecieron su oficialidad con muchos egresados de esta escuela, como el propio coronel y licenciado Alonso Flores Guerra, Luciano Mejía, Celeo Gómez, Armando Calidonio Alvarado, Roberto Gómez Domínguez, Omar Antonio Zelaya Reyes, todos los mencionados con el grado de coronel; Mariano Tinoco Sanabria alcanzó el grado de mayor y de capitanes Rigoberto Díaz Flores, René Alanís Rodríguez, Efraín Sanabria, Rigoberto Cárdenas, Alberto Fiallos Oquelí, Wilfredo Almendares Zúniga y otros que olvidé.

LOS APODOS DE LA MUCHACHADA

Aquí hacemos un paréntesis para recordar al mundo de los apodos más comunes entre la muchachada: "caga fuego" "cacarico", "muñeca", "toro nuco", "cara de gayo", "cara de hule", "cara de palo", "cara de macho", "cara de caite", "macho prieto", "burro sabio", "mamalola", "mamabuque", "mamatea", "el ñeje", "el cheje", "cayuco" y "cascada"; "ojo de piche", "trompillo", "tatarate", "trucutrú", "el guasco", "el chato guerra", "Tarantín", "la pécora", "monseñor", "me cuelo", "piraira", "Olanchito", "Soroguara", "peneca", "arroz con chancho", "huevo de zope", "cola de vaca", "chiquirín", "catimplora", "cocodrilo", "gavilán", "bolsa de pedos", "caballito", "dorita", "el pirri", "momotombo", "gallo de oro", "gata mansa", "chavelo", "el peludo", "chimenea", "el niño sapo", "come cebo", "tiburón", "la yenca", "la pécora", "bojoles", "palo de coco", "pan blanco", "pecho de lora", "pico de rata", "el zorro", "el tijuil", "pluto", "tribilín", "el pachuco", etc., etc., etc.

Algunos egresados, sobre todo los barberos en su mayoría buscaron mejores oportunidades en los Estados Unidos de América y les fue muy bien con el oficio, otros como el maestro de la zapatería Carlos Rivera Ramos se convirtió en líder comunal en San Pedro Sula, a tal extremo que se vio envuelto en problemas que terminaron con su muerte trágica junto a un compañero de él de apellido Hernández, por lo que en aquella ciudad existe la colonia Rivera-Hernández.

El caso del coronel de estado mayor Omar Antonio Zelaya Reyes merece especial mención, por cuanto, además de haber sido Comandante de la Fuerza de Seguridad Pública (FUSEP o Policía Nacional), fue Ministro de Defensa, Jefe del Estado Mayor y el único latinoamericano que ha ocupado la dirección de la Escuela Militar de Las Américas en Panamá.

Otro compañero de especial mención es Álvaro Romero, barbero de profesión quien sustituyó al insigne maestro de la pintura José Antonio Velásquez en dicho oficio, en la Escuela hoy Universidad Panamericana El Zamorano. Álvaro permaneció por muchos años como barbero oficial de los alumnos de este prestigiado centro de educación agrícola y fue tal su permanencia que logró ganarse el cariño y reconocimiento de muchos de los alumnos, los cuales sobre todo en el sur de América llegaron a ocupar relevantes posiciones e los gobiernos de estos países y Álvaro frecuentemente participaba como invitado de honor de estos señorones, de sus respectivos países con todas las comodidades y así, sucesivamente encontramos por ejemplo a Raúl Flores Euceda como auditor interno por cerca de cuatro décadas en la Universidad Nacional Autónoma de Honduras (UNAH); en fin, Leonardo Letona Bulnes se destacó como periodista en su ciudad natal, Comayagua; Guillermo Codrington además de haber servido como barbero en algunos batallones del ejército, por su inteligencia nata pasó a convertirse en el director del Museo de Historia Militar ubicado en el antiguo Cuartel San Francisco de esta capital.

Francisco (Chico) López Flores además de haberse convertido en un excelente profesional de la ebanistería, sus aspiraciones fueron más allá e ingresó a la Escuela del

Malcotal en Minas de Oro, Comayagua, para terminar, graduándose en la Panamericana de El Zamorano, situación que le valió honrosos cargos ejecutivos, relacionados con su profesión en diferentes estados de la unión norteamericana. Rigoberto Díaz Flores se destacó como instructor militar en el siempre amado Instituto Central Vicente Cáceres; Agustín Gallardo quien desde niño nació en medio del arte de la fotografía, llegó a convertirse en un verdadero artífice en esta materia, al igual que su hermano mayor Ángel, se convirtió en el fotógrafo oficial del doctor Modesto Rodas Alvarado, Agustín desempeñó similares funciones con el doctor Carlos Roberto Reina, con notable éxito.

ACONTECIMIENTOS DE RELEVANCIA LA ESCUELA MARCOS CARÍAS REYES

En 1948 sucedieron dos acontecimientos de mucha relevancia en el interior de la escuela, como cuando un grupo de oficiales de la Escuela Básica de Armas entonces dirigida por el mayor y abogado Fausto Agüero entregó un artístico estandarte, con motivos militares, por supuesto, a la Escuela Vocacional en señal de reconocimiento a su magnífica labor educativa. Este estandarte fue llevado por un pelotón de la escuela, armas en hombro hasta la Ermita de Suyapa, donde fue bautizado por el párroco de entonces el sacerdote Ramón Salgado; una vez bautizado dicho emblema fue llevado por una escolta hasta el palacio presidencial donde los jóvenes estudiantes presentaron al presidente de la república doctor y general Tiburcio Carías Andino dicho estandarte, el cual fue admirado y el acto consignado en las novedades más sobresalientes del día en Casa Presidencial.

Posteriormente, ese mismo año llegó hasta Honduras una misión militar inglesa en visita de cortesía a las diferentes bases militares del país entre las que participó la Escuela Vocacional Marcos Carías Reyes, y para inmortalizar tan memorable fecha de tan distinguidos personajes se abrió una urna en la Base de uno de los pichingos de piedra que estaban en la entrada de la PC y en dicha urna se colocaron entre otras cosas los periódicos de la fecha, un litro de aguardiente Yuscarán, algunos libros en inglés y español y muchas monedas de la libra esterlina, después de lo cual fue cerrada herméticamente y se colocó un rótulo con la leyenda: "Urna conmemorativa de la visita de oficiales ingleses a la Escuela Vocacional Marcos Carías Reyes" 1948 y abajó en la misma placa "Ábrase dentro de 100 años" o sea en el año 2048

Sin embargo, a la dirección de la PC llegó un mayor de apellido Somoza cuyo verdadero nombre ignoramos, el cual fue inducido por un preso para que rompiera la urna, haciéndole creer que en el interior de la misma había un gran tesoro, por lo que este, ni corto ni perezoso, al calor de la noche de la oscuridad sacó algunos presos de sus bartolinas y procedieron a romper la urna en mención, llevándose el chasco del siglo al encontrar solo papeles, el guaro añejo y algunas monedas de circulación británica, terminando así con una verdadera joya histórica que si se hubiese abierto cien años después, hubiese sido una agradable sorpresa para todos, por supuesto, para las nuevas generaciones.

Ahora recuerdo que también salieron dos alcaldes de la escuela, Wilfredo Vallejo presidió la alcaldía del municipio de Valle de Ángeles, F.M., y Carlos Aguilar desempeñó similares funciones en el municipio de Catacamas, Olancho, donde dejaron sentada una excelente labor por su honestidad, capacidad y carisma entre el pueblo.

LAS HAZAÑAS DEL "TUNCO" SARMIENTO

De igual manera llega a mi mente las "hazañas" del "tunco" Sarmiento; un capitán del ejército que se encontraba preso, sabrá Dios por qué razón, el cual había perdido su pierna derecha y como consecuencia lógica usaba dos muletas, permanentemente su cigarrillo en la boca sin faltarle el sombrero; este señor tenía alguna injerencia por su grado militar, por lo que constantemente recorría los recintos del centro penal y cuando sorprendía a alguien con un pie puesto sobre la pared, costumbre muy hondureña, con la muleta intempestivamente se la bajaba y a continuación expresaba "por qué no pones las dos patas hijo de p…

Sin embargo, había otros señores en condición de reclusos que actuaban como inspectores, pero su trato era muy diferente, como por ejemplo don Peralta, don Pascual, don Crescencio Solís, el capitán Camilo Mejía y muchos otros que trataban con cariño a la muchachada de la escuela y como es natural, disfrutaban del aprecio y el reconocimiento del alumno.

Entre los oficiales que citamos líneas arriba, había dos de ellos que eran el terror de los muchachos, entre ellos Gilberto Suazo y Tomás Sosa que eran verdaderos verdugos quienes se ufanaban al torturar despiadadamente a quienes tenían la desgracia de caer en sus garras por cualquier falta y los demás: Rigo Díaz, Lalo Flores, Loncho Flores Guerra y Marco Tulio del Cid eran completamente diferentes a pesar de ser los oficiales jefes de toda la escuela.

También recuerdo los nombres de algunos personajes como: Salomón Sanabria, otro capitán del ejército que había separado del cargo en la Gobernación Política de Ocotepeque, bajo la dirección entonces del general Julián Mejía, quien remitió hasta la cárcel de Tegucigalpa por cordillera al señor Sanabria, sabrá Dios que grave falta había cometido; ya en el reclusorio por el apellido Sanabria y el grado militar que ostentaba este señor gozaba de algunos privilegios hasta llegar a ser presidente de la celda donde estaba recluido y fue nombrado receptor de visitantes, por lo que tenía alguna "libertad" dentro del centro penal.

En cierta ocasión el director de la PC general Víctor Carías Lindo siempre custodiado por al menos diez soldados, supervisaba algunas áreas del inmueble y en esa oportunidad le llamó la atención severamente al capitán Sanabria, por lo que este le lanzó con furia el tablero que utilizaba como base para escribir los nombres de las visitas, lo que envolvió en tremenda cólera al señor Carías Lindo quien ordenó a los custodios que lo mataran, por lo que aquellos de inmediato lo lanzaron al suelo y comenzaron a golpearlo ferozmente con la culata de los rifles hasta dejarlo prácticamente muerto, completamente desangrado de donde fue recogido, llevado a la enfermería y posteriormente al Hospital San Felipe donde se recuperó de la tremenda paliza recibida.

Al salir de la cárcel Salvador Sanabria escribió en la ciudad de México un único libro denunciando las atrocidades que se vivieron en la tristemente célebre Penitenciaría Central de Tegucigalpa, libro que fue membretado con el sugestivo nombre de "La cárcel y mis carceleros", el cual ingresó a Tegucigalpa en el año de 1950, habiendo conseguido únicamente que circularan 500 de los 5mil ejemplares que se editaron; los restantes se esfumaron.

El poeta y escritor Guillermo Codrington escribió un pequeño libro intitulado "muros del silencio", con una aproximación muy cercana a la realidad que se vivió por ese entonces y durante 16 años en esta tristemente célebre cárcel.

Años después en el gobierno del doctor Ramón Villeda Morales en exploraciones se descubren cadáveres bajo tierra

Unos años después en el gobierno del doctor Villeda Morales se hicieron algunas exploraciones y se descubrieron cadáveres bajo tierra en diferentes sectores del enorme plantel, lo que dio lugar a que sus huesos fuesen recogidos y enviados al Cementerio General a una fosa común, por lo que de ahí salió un libro intitulado "mártires de la tiranía".

El coronel y profesor Roberto Gómez Domínguez dejó inconcluso un libro sobre la situación de la PC, señalando algunas atrocidades que se vivieron durante los tres años que él permaneció interno en la Escuela Vocacional.

La construcción de este inmueble carcelario se remonta a los años 1880 y 1886, el que fue levantado dentro de los gobiernos progresistas del doctor Marco Aurelio Soto y el general Luis Bográn, aparentando una fortaleza militar por lo amplio del terreno y los torreones que fueron construidos a su alrededor, desde donde los centinelas o guardianes del centro penal vigilaban los movimientos de todo el personal interno en dicha cárcel.

1949

Ya para ese año había finalizado el gobierno de don Tiburcio y asumido la presidencia el doctor Juan Manuel Gálvez, quien a pesar de haber sido su ministro de guerra, marina y aviación, le dio una vuelta de 360° al sistema penitenciario omitiendo sobre todo los castigos corporales que iban desde encadenados hasta esposados de manos y pies permanentemente, encerrados en algunas celdas sin ver la luz del sol, en fin era un martirologio inconcebible o mejor dicho indescriptible, habiendo abierto las puertas para que salieran los presos políticos y una amnistía general para los que ya estuvieran próximos a salir una vez cumplida su condena; la Escuela Vocacional Técnico Militar Marcos Carías Reyes prácticamente desapareció del mapa y el profesor Fausto Lara Cerrato que había quedado como subdirector del centro rogaba a algunos de los alumnos que no se fueran porque la escuela iba a mejorar en todas sus formas y se iban a formar verdaderos militares al servicio de la patria; no obstante todos decidimos volver a la libertad, a estar con nuestros familiares y amigos y de esa manera la escuela se extinguió.

Reflexión: Aquí una reflexión para señalar que, en la Policía Nacional, también, bajo la dirección del general Camilo R. Reina funcionó una escuela similar a la de la PC con menos alumnos y posiblemente mejor trato, misma que también desapareció con la entrada del gobierno Galvista.

La reflexión que queremos dejar plasmada es que, si estas escuelas hubiesen continuado, a estas alturas Honduras no se vería envuelta en problemas tan serios como la proliferación de maras que siembran el terror alrededor de casi todo el territorio nacional, con el agravante de que constantemente reclutan a jovencitos para entrenarlos en los caminos del mal, sin que las autoridades puedan hasta el momento hacer nada para detener esta epidemia que de verdad está flagelando a la población honrada del país, a tal extremo que las caravanas de migrantes que fatídicamente están sufriendo las consecuencias de los llamados coyotes de los países que cruzan ponen como excusa para salir del país la inseguridad y la falta de empleo, esa inseguridad es provocada por las "benditas maras".

Muy cerca del municipio de Cedros funciona un reformatorio con el nombre de Jalteva, en el cual son recluidos todos los menores de edad que son sorprendidos cometiendo algún ilícito grave, pero ese centro de reclusión se ha convertido también en una fortaleza inexpugnable, ya que no permiten la visita o presencia de periodistas ni personas ajenas al personal asignado a la misma.

Hay otros centros de rehabilitación como Casa Alianza, Proyecto Victoria y las propias aldeas S.O.S. que dejara la inolvidable religiosa Sor María Rosa en los cuales se trata de rehabilitar a muchos jovencitos adictos sobre todo a las drogas y proclives al crimen, pero estos centros de rehabilitación no cuentan con el rigor y la fuerza con que actuaban los anteriores, por aquello de los derechos humanos.

En mi condición de presidente vitalicio del Consejo Hondureño de la Cultura y admirador inclaudicable de la memoria del ínclito poeta de Comayagüela Juan Ramón Molina y por la importancia del evento que en esta nota se anuncia, hemos creído conveniente insertar su contenido porque esta ceremonia sin duda alguna servirá para que Juan Ramón Molina ocupe el lugar que Miguel Ángel Asturias Premio Nobel de Literatura 1967 de Guatemala le concedió al igualarlo con el inmortal Rubén Darío al llamarlos "Almas gemelas" y que tendrá como participantes por Honduras a la actual presidenta del Consejo Molinense, periodista y escritora Elsa Ramírez García y los intelectuales general de brigada ® Luis Alonso Maldonado Galeas y el abogado, historiador y musicólogo Jubal Valerio Hernández, quienes no cabe duda exaltarán una vez más el espíritu de quien, en el 2025 cumplirá 150 años de haber visto la luz del mundo, el irrepetible Juan Ramón Molina (1875-1908).

EL SABOR DE LA POBREZA

Finalizando la década de los años treinta del Siglo XX, el mundo comenzó a retumbar, bajo el estallido de mortíferas bombas y el tracateo de ametralladoras, fusiles y toda clase de armas de asalto, anunciando así el inicio de la II Guerra Mundial, en algunos países de Europa; eso contribuyó a aumentar la pobreza y la escasez de todos los elementos vitales para la sobrevivencia del ser humano, sobre todo en los países importadores de los productos fabricados en el Viejo Continente.

En Tegucigalpa, Honduras, C.A., deambulaba por las calles de esta ciudad un chiquillo de nombre Nancho, tal vez de cuatro o cinco años, en medio de una ciudad apacible, tranquila y sin temores, con una ausencia casi total de vehículos automotores, ya que el transporte terrestre, aun se hacía a base de carruajes, carretas de bueyes, o al lomo de mula, por lo que la presencia de los niños de aquella época en las arterias citadinas, no era nada peligroso, pues la delincuencia no asomaba sus garras , sobre todo en estos países pequeños de habla hispana.

Así, doña Petra, madre del pillete de referencia, también era la progenitora de Cristi y de Yita. Doña Petra era madre soltera, por lo que tenía que agenciarse los centavos para su sobrevivencia y la de sus vástagos, a base de esfuerzo propio, ora lavando ropa ajena, aplanchando, cocinando, fabricando toda clase de dulces y otra serie de golosinas, del arte culinario, en el cual era experta, sin embargo en aquellos lejanos tiempos todo era sumamente barato, incluso las viviendas, las que en los barrios pobres de la ciudad la renta era en una modesta casa de dos o tres piezas, de cinco a ocho lempiras mensuales.

Doña Petra y sus hijos residían a inmediaciones del mercado San Isidro, de Comayagüela, en cuyos alrededores funcionaba una panadería (repostería), a cuyos propietarios, el pan que se les resquebrajaba, por no regalarlo, lo vendían simbólicamente, a precios sumamente bajos, o sea que una bolsa grande de pan quebrado, costaba cinco centavos, el cual servía para desayunar ella y dos de sus hijos menores, durante una semana, ya que Cristi había sido dada en adopción a un matrimonio sin hijos, con alguna fortuna, lo que contribuyó a que ellos la educaran, y tuviera otro sistema de vida; mientras que Yita y Nancho salían a vender tablillas, bolitas de chocolate, tabletas de coco, naranja, de leche con chocolate, caramelos de mantequilla, de guayaba y otros sabores; de esa manera ayudaban en tan temprana edad al sostenimiento diario del humilde hogar en que residían.

Nancho, a medida iba creciendo, buscaba otros quehaceres para ganar un poquitito más, siempre buscando una mejor manera de vivir, como por ejemplo: meter leña de roble y de ocote, en las pulperías y residencias de la ciudad, pues en esa época no existían ni las estufas de gas, ni las eléctricas, las pocas que habían funcionaban a base de leña, directamente traída de los bosques y en las casas más humildes lo que funcionaban eran los llamados fogones de tres, cuatro y hasta cinco hornillas en forma horizontal y algunos hornos de ladrillo, cal y arena, para fabricar lo que por entonces se llamaba mascadura; por cada carga de leña que Nancho metía de la calle al interior de las casas que le daban ese trabajito, cobraba dos centavos, lo que quiere decir que si metía diez cargas, le pagaban veinte centavos, con los cuales hacía maravillas, pues era el tiempo en que todo se adquiría a precios sumamente bajos, por lo que el dinero rendía copiosamente.

Nancho, tuvo oportunidad de ingresar a una de las escuelas públicas de la localidad, cuando la educación primaria era de apenas cinco años, habiendo finalizado este ciclo con notable éxito, pues siempre fue muy aplicado al estudio, pero, tenía un gran problema, y es que sin saberlo él ni su señora madre, padecía de la vista o de un mal llamado miopía, lo que le impedía actuar eficientemente como el resto de sus compañeros que no tenían ningún impedimento visual. Ese problema, afectó bastante el desenvolvimiento de Nancho, ya en el período de su adolescencia, pues tenía que hacer esfuerzos extraordinarios para poder desarrollar funciones que requerían de una visión normal. Quiso ingresar al ejército y no pudo, precisamente porque al hacerle la prueba que generalmente realizan dentro de los institutos armados, no pasó la misma, por lo que tuvo que buscar otros derroteros, en aras de su superación, que es natural en toda persona que piensa en su futuro.

Pero, retrocediendo en el tiempo, Doña Petra allá por 1940, fue víctima de una cruel enfermedad y un sacerdote que llegó a aplicarle los Santos Oleos, le diagnosticó que el mal que aquejaba a la paciente se llamaba quebranta huesos, pero que posiblemente podía salvarse si de inmediato la trasladaban a un hospital, cosa que se volvía un tanto difícil, pues en medio de la pobreza en que vivían, no había una persona mayor que pudiese hacer las diligencias para ingresarla a un centro hospitalario de beneficencia, empero, siempre hay almas caritativas y de oficio, un caballero noble del vecindario, realizó los trámites de rigor y doña Petra fue ingresada al Hospital General San Felipe, en donde le salvaron la vida; después de lo cual siguió con su rutina de trabajo incansable, hasta alcanzar la respetable edad de 93 años, en que falleció, después de una caída que le impidió seguir de pie y realizando los trabajos hogareños a los que ella estaba acostumbrada, prácticamente, igual que Nancho a ejecutar desde que era una niña.

No está de más agregar que Doña Petra y su adorada progenitora Mama Chon, en sus años de adolescencia, allá por 1912 ó 13, hizo su primer viaje a la región norte de Honduras, a pie desde Tegucigalpa, peregrinaje que alcanzó la respetable cantidad de veintisiete días, llegando hasta San Pedro Sula, donde residía una hermana de Mama Chon que las alojó durante dos meses, tiempo suficiente para recuperar energías y decidir el retorno de igual manera y similar tiempo de recorrido.

Esta operación la realizaron ambas junto a algunas amigas y amigos de la familia, durante tres veces en la década del diez al veinte, habiendo pernoctado en esos viajes en los dominios de los indios Tolupanes o Xicaques de la Montaña de La Flor, que queda entre los departamentos de Francisco Morazán y Yoro, y de quienes aprendieron muchas de sus costumbres, por ejemplo santiguarse antes de dormir en tapescos, para lo cual su retahíla u oración al Altísimo es: "Cruz crucé pan panagüe, panagüicé", que es la oración diaria con que encomiendan su alma a Dios; luego estos compatriotas hondureños acostumbran poner al fuego las monedas metálicas, que constituyen el dinero con que se realizan las transacciones de compra venta en el mundo moderno; esto para no contaminarse, ya que ellos le tienen pánico a todas las epidemias o enfermedades propias de la gente que vive en las ciudades.

El sabor de la pobreza se siente en carne propia, cuando con la escasez de dinero, a veces no tenemos ni siquiera un leño de ocote o de roble para encender el fogón y preparar un trago de café, que en aquel entonces se podía realizar con apenas cinco centavos, pues el cartucho de café molido costaba tres centavos y un pedazo de dulce de rapadura dos centavos, lo que se combinaba y se ponía a hervir en una jarilla, para posteriormente colarlo y disfrutar de la aromática bebida.

El café hoy día, conocido como el oro verde, se ha expandido por el mundo entero y muchas naciones se han enriquecido a veces de las divisas que este producto les proporciona.

El café en aquellos días difíciles de extrema pobreza, era digerido, acompañado de una o dos tortillas tostadas en el comal del fogón casero y ese era el desayuno para hacerle frente al inicio de las labores del día.

Para el almuerzo, en el centro de la ciudad funcionaba el rastro, matadero o procesadora de carnes como en el argot moderno se le conoce al sitio donde se destaza el ganado vacuno y porcino para el consumo de la ciudad, hoy día sin desperdiciar ni siquiera los cuernos del ganado que se sacrifica, pues el mismo se industrializa, de igual manera que los huesos y hasta los cascos del ganado mismo, pero en aquellos días de este cuento, de los sobrantes o menudos del sacrificio de estos animales, siempre había una porción para la pobrería, por lo que eran filas grandes de gente esperando su ración, para con algunas verduritas del mercado, preparar deliciosas sopas que constituían el banquete más apetecido de un día más y por la tarde, en la cena, los acostumbrados frijoles, de repente un pedazo de queso, un poco de arroz y de vez en cuando un huevo de gallina, que también eran sumamente baratos en relación al tiempo.

Tegucigalpa, ciudad que todavía a mediados del pasado siglo, aun conservaban sus habitantes, las costumbres de la antigüedad, en las residencias del llamado centro de la ciudad, o sea los gorgueras de la época o acaudalados de la sociedad, eran muy pocos, por cuanto las actividades para hacer dinero eran muy limitadas, y como la población era relativamente pequeña, no había manera de diversificar la industrialización, el comercio y aun las actividades bancarias, por lo que como dejamos señalado líneas arriba, los instrumentos para cocinar los alimentos del día, se hacían en estufas metálicas, a base de leña, con chimeneas, para espantar el humo, las que al no limpiarlas, se atoraban y en más de una ocasión provocaron incendios caseros; por lo que, allá por la década de los veinte, treinta y cuarenta de la pasada centuria, deambulaba por las calles citadinas un señor cuyo nombre nadie conocía, pero sí su mote o apodo que era el de "Motión", quien se encargaba de limpiar las chimeneas aludidas, por lo que al verlo los niños de para entonces le tenían pánico ya que toda la vida caminaba entilado, dada la calidad de su trabajo.

Posteriormente, con el incremento de la población, el gobierno amplió sus servicios públicos y fue mejorando el suministro de la energía eléctrica y el agua potable, de tal manera que comenzaron a venir del exterior las estufas eléctricas y posteriormente, las que funcionan con gas o querosene, desplazando así, poco a poco, el trabajo de "Motión", quien por supuesto por el peso de sus años, fue desmejorando su salud hasta que falleció.

Al traer a este espacio el sabor de la pobreza, no podemos dejar de señalar la presencia sabatina de grandes filas de pordioseros, entre los que figuraban algunos no videntes (ciegos), inválidos de las extremidades inferiores y superiores y algunos orates, que vivían de la caridad pública, quienes de parte de los propietarios de los negocios tegucigalpenses, recibían uno o dos centavos semanalmente como limosna, dádiva u ofrenda, para lo cual iniciaban su jornada de pordioseros de las ocho de la mañana hasta las cinco de la tarde; Se supo que en aquellos lejanos días, que más de alguno de éstos mendigos, llegó a acumular alguna fortuna, lo que nos recuerda la célebre película del actor mexicano Arturo de Córdoba, intitulada "Que Dios se lo Pague," o la de Pedro Infante, "Nosotros los Pobres."

La vida en Tegucigalpa, para la gente sin recursos económicos, siempre ha sido dura o mejor dicho difícil, por cuanto esta es una ciudad política, en la que impera el sectarismo, no así San Pedro Sula, la segunda ciudad en importancia de este país, en donde por la fertilidad del valle, la presencia de caudalosos ríos y la influencia de las compañías bananeras, durante más de un siglo, marcó la diferencia, en cuanto a la economía se refiere de ambas ciudades, pues allá en la región norte siempre ha habido actividad laboral para todo el que quiere vivir decorosamente, a base de su propio esfuerzo; por supuesto que también allá, se registran cinturones de miseria que provocan grandes trastornos sociales, en cuanto a la inseguridad del resto de la población que vive en condiciones más o menos dignas del ser humano, y no en el inframundo en que habitan los primeros.

El sabor de la pobreza no solo se manifiesta en las ciudades grandes, ya que en el área rural, o sea con la llamada gente de tierra adentro, campesinos, labradores y artesanos de esas regiones del país sufren terriblemente los zarpazos de la calamidad doméstica, sobre todo cuando carecen de tierra propia para poder cultivarla o como está ocurriendo en los últimos tiempos, el fenómeno de la lluvia trastorna completamente la producción agraria.

Por tal motivo esta gente muere tempranamente de enfermedades desconocidas ya que carecen también de centros hospitalarios para poderlos asistir oportunamente, y una serie de epidemias atacan familias enteras, tales como el paludismo, el mal de chagas, parasitosis, tuberculosis y ahora, el cáncer, la diabetes y el SIDA, enfermedades que diezman brutalmente a esa población carente de los más elementales servicios que los gobiernos están obligados a proporcionar, cuando tales gobiernos están imbuidos, responsablemente de su proyección social, a favor del pueblo que les ha confiado sus intereses.

Las cárceles de Honduras, son otro testimonio del sabor de la pobreza, ya que los reos, hombres o mujeres que dicho sea de paso permanecen en hacinamientos irresistibles, su dieta diaria está diseñada para comer frijoles, arroz y tortilla y aun los frijoles actualmente, se están convirtiendo en un plato de lujo en la mesa de cualquier parroquiano, por lo que en las cárceles cuando les servían un plato con cien frijoles, ahora lo han rebajado a la mitad, lo que hace mucho más cruel el sabor de la pobreza.

A pesar de que crecimiento demográfico en el país de este cuento, es exageradamente grande, el índice de mortalidad, no solo por enfermedades, sino por la delincuencia que ha tomado carta de ciudadanía asesinando sin piedad, a diestra y siniestra casi todos los días del año, lo que incluso obliga a muchos jóvenes, de ambos sexos a huir de la situación imperante, buscando su protección física y tratando de ganar mejores salarios, situación también que a veces se convierte en lamentables tragedias, porque la mayoría busca Estados Unidos, atraídos por la estabilidad del dólar; ese crecimiento demográfico obliga, sobre todo a los varones, a ingeniárselas para ganar algunos lempiras, totalmente devaluados, para contribuir con el sostenimiento de sus humildes viviendas, vendiendo periódicos, limpiando zapatos, lavando carros, vendiendo chucherías en los autobuses de la ruta urbana, en las calles y a inmediaciones de los centros de espectáculos y en cualquier otro lugar de afluencia humana.

Un detalle, digno de mencionar en esta narración, es la presencia en Tegucigalpa de 1935 a 1951, de tres escuelas correccionales, una anexa a la Penitenciaría Central, otra a la Central General de Policía y otra con un menor número de muchachos, en la Comandancia de Armas Departamental; esas escuelas que posteriormente se llamaron Centros Vocacionales de Artes y Oficios, tenían alguna inclinación a la milicia, hacían deportes y aprendían oficios de diferente naturaleza y hasta ejecutaban algunos instrumentos musicales, como la marimba, la guitarra, el piano y otros, según la vocación de quienes participaban en estos menesteres.

Estas escuelas contribuyeron mucho a frenar la delincuencia juvenil de aquella época, las que si hubiesen continuado, a estas alturas posiblemente, no existiría tanta proliferación de juventud descarriada, amalgamada en las llamadas Maras o Pandillas Juveniles, dedicadas exclusivamente a la delincuencia, al crimen, al robo, al secuestro y tantas formas de delinquir, posiblemente al calor de las drogas, tan en boga también en estos días; lamentablemente, estos centros de corrección fueron cancelados allá por 1951 ó 1952 y no se ha repetido un nuevo ensayo, tratando de contener esta vorágine, que tiene de correr a medio mundo, porque esta situación se ha vuelto sencillamente invivible.

Pero, volviendo a los personajes centrales de este cuento, que envuelve los nombres de Doña Petra, Cristi, Yita y Nancho, es preciso señalar que Doña Petra siguió trabajando día y noche para encarar con dignidad, el precio del fruto de sus entrañas, sus tres hijos, por lo que trabajando con "La Pochina", la que era propietaria de un centro salón de billares, al que diariamente asistían un promedio de ciento cincuenta jóvenes, en su gran mayoría estudiantes universitarios, para atenderlos cabalmente, se les ofrecía diariamente algunas golosinas o fritangas que hacían la delicia de los muchachos practicantes del billar, golosinas que iban acompañadas de refrescos naturales, de piña, mora, tamarindo, naranja, horchata y otros sabores, que también hacían las delicias de los jugadores, por lo que Doña Petra, generalmente se acostaba a la una o dos de la madrugada, friendo cantidades enormes de tortillas para las enchiladas o preparando la masa y demás ingredientes para los pastelitos de perro del siguiente día, y muy temprano de ese día, a comenzar la jornada para vender desayunos a cualquier parroquiano que los buscara para iniciar el día; por lo que, la cantidad de sueño, para recobrar fuerzas, era de apenas a veces de tres o cuatro horas, por lo cual ella devengaba el salario con el cual tenía que pagar una vivienda sumamente humilde e incómoda en uno de los barrios pobres de aquella época, en los que, lo que había por menaje eran dos catres de cabuya, una rústica mesa de madera, dos taburetes, un fogón, dos comales de barro, una jarilla de lata, un colador de café, una piedra para moler, cuatro jarros de arcilla y cuatro platos de porcelana, algunas cucharas y tenedores de plástico, y pare usted de contar, porque no había energía eléctrica y por las noches se iluminaban Yita y Nancho que eran quienes habitaban esta casa, con candelas, velas o cirios ó a veces con candiles de gas.

Los servicios sanitarios eran totalmente desconocidos, por lo que las necesidades fisiológicas en las lomas o cerritos alrededor del barrio en que vivían, pues ni siquiera existían las llamadas letrinas, ya que la hermana gemela de Tegucigalpa, Comayagüela, carecía de acueductos y alcantarillados como para poder suministrar este beneficio en los barrios que conformaban por aquel entonces esta ciudad, cuyos ríos, eso sí, no estaban contaminados y la gente muy de mañana acudía a los mismos para su aseo personal y eran caravanas de lavanderas aseando su propia ropa y agenciándose algunas monedas, haciendo este trabajo para terceras personas.

Hoy día, estos ríos, antaño orgullo de la ciudad, se han convertido en soberanas cloacas, que solo por el poder de Dios, no han provocado una epidemia general y desaparecido a la población inmisericordemente al por mayor. Lo que sí abundaba, sobre todo en Comayagüela, eran las llamadas cuarterías, o mesones, en los cuales lo que prevalecía era el hacinamiento, ya que los cuartos que conformaban este sistema de vivienda eran sumamente reducidos, en cuanto a su tamaño y de igual manera carecían de agua y de energía eléctrica, pero sí abundaban las riñas y los insultos diarios entre los habitantes de estos simulacros de vivienda, precisamente por la pobreza o miseria en que diariamente se desenvolvían.

Estas cuarterías o mesones, eran supervisadas por agentes de la Policía Municipal y de La Sanidad, dependiente del Ministerio de Salud pública, los que a veces eran agredidos por indignados residentes, ya que les repugnaba su presencia, por cuanto tales agentes exigían aseo, higiene y salubridad, situación que no podían sostener, ya que en la mayoría de los casos el jefe de familia o era alcohólico, o estaba preso o irresponsablemente abandonaba a la prole que él había procreado, lo que aumentaba la pobreza, la miseria y la desesperación de tales personas.

En países con alguna riqueza y abundancia de trabajo, este sistema de vida de la gente pobre de Comayagüela, en las ciudades grandes de los países aludidos, ahora se les llama edificios multifamiliares, los que se pueden apreciar en países como: Panamá, Venezuela, Chile, México, y en Asia, en Taiwán, Hawái y otros de ese vasto continente, donde la gente, sí recibe el apoyo del Estado y encuentran abundantes fuentes de trabajo ya sea en la agricultura, en la industria, en la tecnología y aun en las propias oficinas gubernamentales y privadas.

El sitio propicio para la proliferación de este azote de la humanidad, la pobreza, encuentra su asidero principal en las barriadas o cinturones de miseria

de los países con mayor índice de enfermedades, desempleo, delincuencia, prostitución y vagancia, por lo que algunos poetas, como el recientemente fallecido en nuestro país, el consagrado internacionalmente Roberto Sosa, escribió hace aproximadamente unos veinte años su célebre poema "Los Pobres" de Roberto Sosa, del cual reproducimos un fragmento para tasar, el alcance del autor, en cuanto a su percepción de este flagelo, que fustiga a una enorme proporción de la humanidad. Helo aquí:

Los pobres son muchos y por eso
es imposible olvidarlos.
Seguramente ven en los amaneceres
múltiples edificios donde ellos
quisieran habitar con sus hijos.
Pueden llevar en hombros
el féretro de una estrella.
Pueden destruir el aire como aves furiosas,
nublar el sol.
Pero desconociendo sus tesoros
entran y salen por espejos de sangre;
caminan y mueren despacio.
Por eso es imposible olvidarlos."

En otra región del planeta, otro célebre pensador, universalizó la memorable expresión: "más medita un hambriento que cien letrados" y es que el hambre, es mala consejera porque, incluso, ha llevado a pueblos enteros a guerras fratricidas de terribles consecuencias.

En cuanto a Cristi, hija mayor de doña Petra, a temprana edad encontró apoyo y respaldo en la Mansión Godoy, cuyos propietarios, eran personas acaudaladas que a pesar de haber convivido en matrimonio muchísimos años, no lograron traer al mundo hijos, por lo que Cristi y un morenito llamado Luis, proveniente del Litoral Atlántico de este girón de tierra que pertenece a la América Central, fueron educados, Luis en la Escuela de Artes y Oficios donde aprendió mucho para su sobrevivencia posterior y Cristi, en el Instituto Central, donde logró adquirir un título de Educación Media, por lo que no sintió los flagelos de la pobreza, que sí vivieron sus hermanos Yita y Nancho. Pero Yita, ya entrando a la pubertad, logró colocarse en algunas residencias del centro de la ciudad, haciendo trabajos de "China ó Niñera", trabajo que compartía con otros menesteres como los mandados, propios de su edad, en el comercio y

otros sitios de visitas forzosas, hasta entrar a la edad propia del matrimonio, con tan buena suerte que encontró la pareja ideal para mejorar sus condiciones de vida, procreando inclusive, nueve hijos, de los cuales perdió dos a temprana edad y a su esposo aproximadamente a los 25 años de matrimonio, compartiendo su edad madura con el resto de sus vástagos que le han dado una gran cantidad de nietos y hasta biznietos, que la rodean, en la cálida ciudad de Choluteca, donde reside desde hace unos 40 años.

Nancho, en cambio, creció y con la ayuda de su hermana Cristi, finalizó su Educación Primaria, e ingresó a la Educación Secundaria, habiendo interrumpido sus estudios a la mitad del camino, para ingresar a las cabinas radiofónicas de su ciudad natal, con tan buena suerte, que su voz varonil y su cultura general le sirvieron de estandarte para colocarse rápidamente en los principales medios de comunicación radiofónica, y trabajar como Periodista, autodidacta, en los principales periódicos del país, estando próximo a cumplir seis décadas, de actividad ininterrumpida en este apasionante mundo de la radiodifusión en cualquiera de sus áreas (cine, radio, televisión, etc.).

De esta forma, doña Petra con los altos y bajos que durante su larga existencia logró sortear, sobrevivió hasta alcanzar la respetable edad de 93 años, suceso que conmovió a una gran parte de la sociedad tegucigalpense, por cuanto ella se prodigó hacia todo el mundo en atenciones y generosidad a cual mejores, lo que le valió el respeto, cariño, admiración y gratitud de una enorme cantidad de gente que lo demostró el día de su sepelio ya que la concurrencia a su funeral fue multitudinaria, a pesar de haber sido una señora que jamás acumuló caudales, como para creer que por esa razón la habían acompañado en sus exequias tanta gente.

El Sabor de la Pobreza se transforma en un gusto como a hiel, es amargo, repelente, a veces hasta asfixiante, pero para que el mundo sea mundo, definitivamente, desde tiempos inmemorables tiene que ser así; los pobres siempre han existido y probablemente existirán hasta la consumación de los siglos y de los siglos, ya que si analizamos la realidad del mundo, éste tiene que tener sus variables y aquí podemos hacer la pregunta obligada, ¿si todos fuéramos ricos o viceversa pobres, quién haría los trabajos de quién?, ¿quién serviría a quién?, la verdad es que tienen que existir forzosamente las diferencias sociales, por supuesto que el hombre y su par, la mujer, con aspiraciones y deseos por su superación material e intelectual, tienen que luchar ferozmente, para abrirse paso y colocarse en la posición a la cual aspiran, dentro del medio en que se desenvuelve.

Por supuesto, que de todo da la Viña del Señor, ya que hay seres que vienen al mundo, para convertirse en parásitos o incordios de la sociedad en que conviven, convirtiéndose en sujetos o individuos alérgicos al trabajo, lo que los obliga a delinquir, a veces a muy temprana edad y en numerosos casos hasta con la complacencia de sus padres y la complicidad de algunos vecinos que se unen en pandillas para causar daño a la gente honrada y honesta, que sí suda la gota gorda para sobrevivir decorosamente.

El Sabor de la Pobreza, se siente con mayor intensidad en ese inframundo en el que se arrastran muchas personas de diferentes edades, en los hospitales, en los asilos para inválidos, ancianos, guarderías infantiles, y en los alrededores de los centros comerciales de mayor afluencia humana; mercados, pulperías, truchas, restaurantes, salas de espectáculos y otros sitios de parecida actividad en los que por fuerza asisten otras personas, en vías de negocios, de placer o de cualquier otra índole.

Ese inframundo también se palpa en los quicios de las puertas de las casas de los ricos o adinerados de la comunidad en que viven los personajes de este cuento; se les ve con frecuencia, por las noches, no importa el clima, a veces sin ninguna protección para sus cuerpos, en las bancas de los parques, a la intemperie, debajo de los puentes, o en chozas de cartón con láminas de zinc o de maderas viejas, que se convierten en coladeros en la época lluviosa; esa es la realidad de El Sabor de la Pobreza, sobre todo en países tercermundistas o subdesarrollados, como se les llama en los grandes foros o conferencias, de las grandes capitales de los países poderosos, dizque discutiendo temas para aminorar esta situación que a medida crece la población mundial, también se acrecienta el problema, por lo que la delincuencia se ha vuelto infernal y grandes cantidades de jóvenes, que no quieren caer en las garras de ese pulpo malhechor, buscan otras naciones, huyendo de quienes pretenden inducirlos al averno en que lastimosamente ellos están envueltos.

El Sabor de la Pobreza, que a veces llega a los extremos de la miseria y de la calamidad, está golpeando terriblemente a una enorme cantidad de los habitantes del planeta, obligándolos inclusive en numerosos casos a alimentarse de animales, que otrora eran totalmente inaccesibles al alimento humano, porque la carestía y la escasez cada vez más acentuados está cabalgando apocalípticamente, con pestes, epidemias y toda clase de señales destructoras del ser humano.

Hay países, cuyos gobiernos orientados por la sensibilidad y solidaridad de que son dueños de mutuo propio, sí trabajan honesta y sinceramente buscando mejorar las condiciones de vida de quienes padecen hambre y frío y carecen de un techo protector que les alivie su inmisericorde condición de abandonados de la fortuna.

En este relato, a manera de cuento, no hacemos más que reflejar la condición triste y dolorosa en que sobrevive una enorme cantidad de coterráneos o paisanos en este país, desde el cual se origina esta historia, que convertida en cuento no es más que la realidad viviente, muy parecida a la que los periódicos, la televisión, el cine y otros medios de comunicación, reflejan en lugares como Biafra, la desgarradora forma de vida en que logran sobrevivir, aquellos, sobre todo niños, cuyos famélicos cuerpecitos reflejan a simple vista la falta de nutrición, y los latigazos de esas enfermedades que los acorralan, porque la miseria en ese lugar viene a ser algo así como un imperativo categórico, merced a las guerras, epidemias, y robos a granel de que son víctimas los habitantes de esta tierra, digna de mejor suerte. En esas condiciones o por lo menos muy parecidas, logran sobrevivir algunos niños y niñas de este terruño nuestro, por lo cual hemos escrito en una forma descarnada, y fácil de comprobar todo lo dicho en este cuento, que tiene mucha dosis de realidad.

Otro sitio desgarrador donde El Sabor de la Pobreza se siente y hasta se escucha con gritos de angustia y desesperación, es precisamente en los botaderos de basura o crematorios municipales, en donde niños, adolescentes, adultos y hasta ancianos, se les ve en feroces contiendas con los perros, cerdos, zopilotes y otras aves de rapiña disputándose la carroña y todas las suciedades de un pueblo, que son depositadas en esos lugares, alejados del centro, justamente para evitar la contaminación y proliferación de animales dañinos como las ratas, las cucarachas y las moscas. Las escenas que allí se dramatizan, parecen extraídas de la obra mundialmente conocida de Dante Alighieri "La Divina Comedia", en la que se hacen los relatos más espeluznantes y siniestros que el cerebro humano puede concebir; pero en el cuento de nuestro parto, esas escenas son reales, diarias y continuas.

Hay otros episodios o capítulos dramáticos, de este cuento que también arrancan lágrimas de dolor, tristeza y amargura, cuando vemos a pequeñas creaturas, de apenas dos o tres años, implorando una moneda o un mendrugo para poder alimentar en las propias calles citadinas a sus progenitoras que con cinco, seis y hasta ocho hijos, deambulan por estas arterias implorando la caridad pública, porque quien las hizo madres, las abandonó en la primera entrada y siguieron probando suerte y continuaron con esos eslabones hasta procrear enormes familias sin contar con el respaldo de quien, o quienes las

hicieron madres. Esas imágenes de pordioseros, mendigos o pedigüeños, son un drama conmovedor que también a diario se ve y se escucha en medio del bullicio de las grandes ciudades, en las cuales los gobiernos o para decirlo mejor, el Estado, es indiferente y le vale un comino la suerte de estos, que también son seres humanos y cuyo porvenir es incierto, porque o mueren víctimas de crueles enfermedades adquiridas en la calle por la falta de higiene o son víctimas de otros de similar actividad, de mayor edad, cuya competencia les estorba.

La mar y sus conchas, con esto de El Sabor de La Pobreza, porque hay pobreza al por mayor , por donde quiera que uno anda y ésta ha traído como consecuencia, una mayor proliferación de delincuencia, sin que asomen en el horizonte centros de reclusión, para menores de edad, en los que los internos pueden encontrar un desahogo, con alimento, ropa y dormida a su alcance, amén de que también pueden aprender oficios, ir a las aulas escolares, practicar deportes y convertirse en entes útiles a la familia, a la sociedad y por ende a la Patria que los vio nacer. El Sabor de la Pobreza, parece no encontrar la ruta adecuada para aminorar su presencia, en los barrios, cinturones de miseria, o favelas como se les llama en algunos países del cono sur de esta América India, en la que medio aprendimos a hablar el Castellano, pero sí adorar a Jesucristo porque Él está en todas partes, aun crucificado por la indolencia de una humanidad cruel, que lo arrastró hasta El Gólgota para sacrificarlo, en medio de un suplicio inconmensurable, que nadie ha sufrido, como el Hijo del Creador del Universo.

El Sabor de la Pobreza, se siente incluso en los momentos en que un encargado de impartir justicia, para hacerlo mide la calidad humana de que está revestido el acusado, por lo que no es remoto leer y escuchar que en muchas cárceles del mundo hay hombres y mujeres detenidos, purgando una condena porque robaron una gallina o un pan de repostería, para saciar su hambre y en cambio, se pavonean en lujosísimos automóviles último modelo, con motorista a su servicio, los grandes depredadores de los recursos naturales y del tesoro nacional del país en que residen, según sea la posición burocrática o el compadrazgo que los vincule con los más altos funcionarios del gobierno de turno.

No obstante, según la leyenda, después de abierta La Caja de Pandora, de la que se esparcieron por el mundo entero todos los males que agobian al hombre y a la mujer alrededor de los cinco continentes, quedaron herméticamente guardadas dos valores que sostienen el equilibrio de la población mundial, la fe y la esperanza y para ello, organismos como la FAO, UNICEF, UNESCO, Caritas del mundo, Save The Children's y otras instituciones establecidas con fines filantrópicos, están haciendo su trabajo y aunque siempre en las mismas se filtran los farsantes, los demagogos, los oportunistas, se espera que en algún momento se vea la luz al final del túnel y el horizonte se presente con mejores perspectivas para todo ese enorme segmento de la población mundial, que con rigor, pánico y miedo en grado extremo, aún sigue creyendo que no hay nada para ellos, ni siquiera los sobrantes o migajas de quienes disfrutan por el otro lado de la bonanza, la riqueza y las mieles del poder.

LOS CERDITOS DE LA TÍA MARÍA

Transcurrida una centuria, se me vienen a la mente las historias y los cuentos de Doña Petra, quien en sus momentos de solaz y esparcimiento, reunía a los miembros de su familia y personas interesadas en escuchar sus relatos, que había viajado allá por 1912, con su señora madre, su hermano Carlos y dos personas más que se unieron al pequeño grupo, hasta la comunidad de Cangelica, en la jurisdicción de Tela, Atlántida, a pie desde Tegucigalpa, en una extensión de más de 300km, peregrinaje que duró aproximadamente veinticinco días, haciendo escala en los lugares donde les agarraba la noche y les daban alojamiento. Por supuesto, era la época en que se les suministraba albergue por uno o dos días, con alimentación y demás insumos a los viajeros, que solicitaban este beneficio, sin ningún temor a la delincuencia que hoy día impera por los cuatro puntos cardinales de la república.

La tía María poseía una heredad de aproximadamente sesenta manzanas de tierra fértil, cerca del mar Caribe, donde habían árboles frutales y maleza de toda especie; pero también tenía ganado vacuno, caballar, porcino y aves domésticas, que se alimentaban de lo que la finca producía, por lo que la tía María y su esposo don Pancho, disfrutaban de una vida llena de abundancia, no solo financiera, pues gran parte de la producción era vendida a los pobladores adyacentes a su propiedad, sino que de la producción agrícola se alimentaban ellos y cuanta familia de ambos les visitaba con alguna frecuencia.

De esa manera, contaba doña Petra, lograron dar con don Pancho y su esposa, la Tía María, quienes les recibieron con mucha alegría y de inmediato les acondicionaron algunas piezas para dormitorio, en hamacas de lujosa confección, que en aquella época se adquiría en los comisariatos de la Tela Railroad Company, que era el principal centro de abastos, en lo que se refiere a la ropa, medicinas y productos importados de los Estados Unidos, con los cuales enriquecían su alimentación.

En aquella extensa propiedad, se alimentaban aproximadamente unas mil gallinas "ponedoras", cuyos huevos eran mercadeados en el mismo comisariato donde a veces se canjeaban por los productos importados ya señalados.

Por otro lado, las vacas y las cabras lecheras producían enormes cantidades de este alimento, del que salían grandes cantidades de queso, mantequilla y otros derivados que también se comercializaban por los vecinos de la región y otros eran adquiridos en el tantas veces mencionado comisariato, actividad que era realizada por aproximadamente unos veinticinco mozos, que devengaban jugosos salarios, en relación al tiempo, lo mismo que de la producción vegetal y animal, conseguían para su propio sostén y el de sus familias.

Aquello era paradisíaco, pues era un ambiente de paz, de tranquilidad, de confraternidad, solidaridad y entendimiento; realmente, la vida en la hacienda "Santa María", que así se llamaba esta propiedad, se disfrutaba de un genuino oasis de paz.

En cierta oportunidad, una de las chanchitas de la hacienda, tuvo un parto de ocho cerditos, los que felices disfrutaban del alimento diario que se les suministraba, consistente en porciones adecuadas de maíz cocido, y todos los desperdicios, vegetales, sobrantes del alimento humano eran para ellos.

Pero, el consabido pero, un buen día, la chancha madre y sus críos decidieron abandonar el corral que los protegía de los animales salvajes que abundaban por ese entonces en aquella región, como coyotes, lobos, zorros, dantos y otras especies salvajes que se alimentan de sus congéneres más débiles y fue así como la chancha de esta historia, penetró hasta lo más profundo de aquella selva, provocando el consiguiente malestar y tristeza, de don Pancho, pero más que de él, de la tía María que todos los días se recreaba, admirando los partos de las vacas, las cabras, las otras cerdas y las yeguas, también de las manadas de pollos que mensualmente resultaban del empollamiento de las gallinas cluecas.

Era tanta la tristeza y sufrimiento de la tía María, tal vez no por lo material que significaba aquella pérdida, sino más bien, por el cariño entrañable que ella había depositado en aquellos preciosos ejemplares, propios del área rural.

Pues bien, en esas condiciones estaban la tía María y su amantísimo esposo don Pancho, cuando llegó doña Petra con su inseparable progenitora doña Chon y su hermano Carlos más los dos viajeros que se habían unido a la expedición, por lo que la presencia de ellos calmó un poco la ansiedad y la angustia de la tía María y mejor aún, cuando doña Petra le insinuó que ella podía hacer el milagro de que la cerda y sus críos, retornaran al sitio de donde habían escapado.

La tía María, incrédula, porque doña Petra no era una mujer de campo, sino de ciudad, a juicio de la tía María, tal pretensión le resultaba ridículo e insólita; pero, doña Petra insistió en que le suministrara los elementos necesarios para actuar, y fue así como puso a la disposición de ella, un tonel de maíz, completamente lleno, del cual doña Petra extrajo una gran cantidad que de inmediato puso a cocinar en el fogón del patio, que también servía como horno para confeccionar el pan de harina que a diario consumían en ese lugar, cocinaba aproximadamente dos medidas de maíz, con la sal necesaria para darle el sabor exquisito que tanto agrada al ganado, en sus diferentes especies, doña Petra y su hermano Carlos, él machete en mano y con una escopeta para la defensa de cualquier ataque imprevisto, se internaron en lo más profundo de la vegetación, siguiendo instintivamente el rastro que supuestamente dejaban los cerdos en sus inclusiones por lo espeso de la vegetación, y fue así como a lo lejos escucharon el gruñir de los animalitos, por lo que, con el mayor sigilo, fueron acercándose hasta tenerlos a una prudente distancia, desde la que comenzaron a lanzarles puñados de maíz en cantidades suficientes como para que pudieran olfatear y acercarse a donde estaba el apetitoso alimento, pero, como ya los cerditos habían crecido, casi convertidos en salvajes, al sentir la presencia humana huyeron en desbandada.

De tal manera que doña Petra y su hermano Carlos, instintivamente se quedaron por allí, espiando los movimientos de los curritos y su gruñona madre, que recelosa, no descansaba atisbando todo lo que a su alrededor había, por lo que ese día comieron y a medida se alimentaban, doña Petra los iba acercando más y más, hasta que logró aproximadamente unos cincuenta metros, con lo que lograron terminar el abundante maíz que habían llevado. Al siguiente día repitieron la operación, ya conociendo mejor el camino, con el cual se les hizo más fácil dar con la cueva que habían buscado como albergue los animales de esta historia; nuevamente se repitió esta operación y a medida les lanzaban los puñados de maíz, iban caminando despacio y acercándose cada vez más a los corrales donde pastaba el resto del ganado, comían las gallinas, los patos, piches, gatos, perros y demás animales que conformaban la fauna de la "Santa María".

Pues bien, la operación duró aproximadamente diez días, para que los cerditos y su señora madre, retornaran al lugar de donde habían escapado, atrapándolos nuevamente en el corral a ellos asignado desde su nacimiento, y fue así como la alegría, la felicidad y la gratitud retornaron a la residencia de don Pancho y Doña María, quienes no cabían en su propio ser al descubrir las habilidades y la inteligencia de doña Petra, quien sin ser una mujer criada en el campo, se las había ingeniado de una manera tan sabia, para recuperar aquello que para la tía María, era algo así como un tesoro.

Los visitantes de Cangelica y especialmente a la Hacienda Santa María, en su aventura, pensaban permanecer unos treinta días, pero, fue tanta la alegría de los dueños de la heredad, que prácticamente los obligaron a permanecer tres meses más, en ese período apareció por la zona un señor de origen palestino llamado Geo Kassís, quien logró comprar tres briosos borricos o asnos, para mercadear en las aldeas y caseríos adyacentes a la hacienda "Santa María", algunos productos de uso doméstico, especialmente telas para vestidos, cosméticos, ropa interior, camisas, pantalones, sombreros, caites, botas de hule y otros utensilios propios del campo, en donde en aquella lejana época pululaban las serpientes venenosas, y toda clase de fieras, propias de la jungla.

Geo Kassís venido directamente de las regiones árabes, ubicadas entre Europa y África, hablaba muy poco el idioma español, por lo que Doña Petra, que era en aquel entonces una joven autodidacta, fue contratada por Geo, para que le enseñara lo elemental del idioma castellano, por lo que recibía una buena paga, ya que Geo, como buen comerciante, todos los días liquidaba su mercancía, lo que le reportaba excelentes ganancias.

De vez en cuando, en una de las hamacas de la Santa María, se ponía a tararear el Himno Nacional de nuestra querida Patria Honduras, y entre otras cosas decías: Tú panteeeeeera, tú panteeeeera… y a doña Petra, le preguntaba: Patrona, conocéis al corresponsal de la reblública…que posiblemente era algún periodista de aquella región, que informaba a algún periódico de San Pedro Sula o Tegucigalpa, vía telégrafo, único medio de comunicación de por entonces, los sucesos, acontecimientos, o noticias más importantes de esa zona, por lo que era considerado este corresponsal como un personaje de mucha importancia, al que tanto el alcalde o los alcaldes de la comunidad, los sacerdotes que oficiaban por esos lares, los maestros de educación primaria y los alguaciles o jefes policiales, siempre estaban prestos a recibirle en sus oficinas para brindarle la información que él les solicitaba, vinculada a los cargos que desempeñaban.

Geo Kassis, hombre visionario y de mucho talento para los negocios, después de muchos meses o tal vez años de recorrer montañas, cruzar ríos, y visitar los valles, de aquellas prósperas tierras del litoral atlántico, llegó a establecerse fijamente en la ciudad Puerto de Tela, otrora emporio de una de las empresas bananeras que mayor movimiento económico realizó en aquél lugar, con el nombre de Tela Railroad Company, Geo, decíamos, logró montar su negocio ya fijamente, y así comenzó su éxito comercial, hasta convertirse en uno de los hombres más acaudalados del puerto, formando una familia, que también contribuyó al crecimiento de su propio patrimonio, expandiéndose con sus negocios cincuenta o sesenta años después, como empresarios, profesionales y otras actividades propias del engrandecimiento de la comunidad a la cual sirven.

Los Kassis, hoy día, son personas de mucho prestigio y reconocimiento general por su don de gente y consumados amantes del trabajo.

Volviendo al tema de doña Petra, ella y su comitiva, retornaron a Tegucigalpa por la misma ruta en que habían llegado, utilizando el mismo sistema de pernoctar en donde les agarraba la noche y les daban alojamiento, nada más que en su regreso traían muchos dólares que era la moneda que circulaba oficialmente en Honduras en aquella época y particularmente en la Costa Norte, región en la que tenían su imperio las compañías bananeras, que manejaban los ferrocarriles y toda cuanta riqueza se disfrutaba en la costa norte de Honduras.

Cabe señalar, que el dinero obtenido durante el tiempo que permanecieron en la Santa María, fue obtenido como producto del trabajo campestre de todo el grupo, más una considerable donación de la tía María, en señal de gratitud y admiración por lo mucho que ellos lograron introducir, para el mejoramiento funcional de aquella prodigiosa tierra que era realmente convertida en un emporio.

De regreso, perdieron el camino y se extraviaron de tal manera, que fueron a dar a los dominios de una de las etnias aun existentes en este país: Los Tolupanes (Xicaques), que han sido muy esquivos y desconfiados, de los que ellos llaman ladinos, que no somos más que la inmensa mayoría de la población catracha.

En ese lugar, también doña Petra con su natural inteligencia, logró ganarse la confianza de los indios Xicaques, quienes terminaron siendo grandes amigos, convirtiéndose así en excelentes anfitriones, con una hospitalidad digna de una admirable hospitalidad principesca.

Recordaba doña Petra en sus amenos relatos, que los Xicaques para poder exterminar con las bacterias o microbios del dinero en metálico, lo depositaban en unas bolsas de un material especial que ponían muy cerca de los fogones u hornos de su propiedad, para que el calor de la hoguera, eliminará los microbios o bacterias y no contaminaran el ambiente, evitando así perjudicarles su salud; ya que como es natural, éste es manejado manualmente por medio mundo, está plagado de inmundicia, nocivas a la salud humana.

Estos compatriotas, aún con las precauciones que desde siempre han observado en defensa de su salud.

Los Xicaques a estas alturas del siglo XXI, son víctimas de crueles enfermedades como el mal de chagas, la tuberculosis, y otras de igual o peores consecuencias, lo que constituye el peligro de su extinción definitiva, debido a que sus viviendas están construidas de bahareque, algunas de adobe y las más modernas de ladrillo, pero, con techos de manaca en donde se anidan toda clase de animalejos que dañan terriblemente su organismo; esto es así porque en estos momentos del actual milenio, no han logrado insertarse a la civilización completa, que los obligue a visitar con la frecuencia del caso, las clínicas u hospitales que el estado sostiene para el servicio y utilidad de las personas carentes de recursos financieros propios.

Asimismo contaba que ellos tienen sus propias creencias religiosas, que duermen en tapescos, y también en hamacas y que al momento de entrar en contacto con el dios Morfeo, se ponían de hinojos, y comenzaban a persignarse, santificando así sus almas y sus espíritus con la siguiente oración: Cruz crucé, pan panagüé, panagüicé, que en su dialecto es algo así, como el Padre Nuestro que rezamos los que adoramos a Jesucristo y practicamos la lengua de Cervantes.

Aquí, debemos agregar también, que estos paisanos residentes en la Montaña de La Flor (Los Xicaques), independientemente de sus creencias religiosas, también viven prejuiciados con absurdas ideas de la existencia de espíritus extraterrestres, que les visitan, tratando de perjudicarles en medio de su apacible existencia, para lo cual constantemente viajan hacia sus lugares de residencia, en la Montaña de La Flor, brigadas de evangelización, tanto de orden católico como evangélico, y otras sectas tratando de incorporarlos a la sociedad moderna, con la construcción de iglesias y templos para moralizar sus pensamientos.

Retomando la historia, magistralmente concebida por doña Petra, debe establecerse que el viaje, a rebote de calcetín, como se dice en el argot popular, se llevó a cabo allá por 1910, época en la que no existían los transportes terrestres o inter departamentales, hasta diez años después aparecieron los primeros carros para ese menester, con el nombre de varonesas y cuyos fundadores fueron los hermanos Francisco y Leonardo Dean, de origen norteamericano quienes fundaron precisamente la Empresa de Transportes Terrestres que llevaba su apellido: Dean, que eran unas varonesas que tardaban dos días en llegar hasta Siguatepeque, de donde muy temprano de la mañana salían hasta la entrada del Lago de Yojoa, (Pito Solo), en donde se embarcaban en un ferri boat que cruzaba todo el lago hasta empalmar con El Jaral, de allí a Potrerillos, en donde abordaban el tren (ferrocarril) de las compañías bananeras, hasta llegar a San Pedro Sula y otras comunidades de la región norte, lugar de su destino.

En relación al viaje con la Empresa Dean de Tegucigalpa hasta el Lago de Yojoa, es preciso señalar, que el trayecto se realizaba en carreteras angostas, sin pavimento, ni asfalto, ni ningún otro aditamento y que los vehículos de referencia, no prestaban ninguna comodidad al viajero, por lo que cuando se estacionaban, la gente salía corriendo a manera de relax para suministrarse con sus propias manos algunos masajes en sus cuerpos adoloridos por lo duro de los asientos y los rebotes de los automóviles debido a las pésimas condiciones de las pocas carreteras existentes en el país.

El viaje no resultaba nada placentero, como sucede hoy en día, a pesar de que en aquella época, el paisaje o el panorama natural era mucho más bello que actualmente, ya que los bosques, las montañas y los ríos estaban incólumes, no habían incendios forestales, no existía la tala inmisericorde y los ríos conservaban su majestuosidad, sin contaminación de ninguna naturaleza.

Aquello era una odisea, empero, en medio de la misma, lo bello era ese cruce del Lago de Yojoa, que estaba completamente virgen, con una vegetación exótica procedente de África y de la zona amazónica de América del Sur con más de mil quinientas especies de aves marinas que hacían el deleite de los viajeros.

Cuarenta años después, y ante dos o tres desastres del ferri que se hundieron en medio del lago, provocando la muerte de muchas personas y pérdidas materiales al por mayor, se decidió construir la carretera que merodea la orilla del lago, ahora totalmente modernizada, cruza los 21km de longitud que tiene este espejo natural, todavía conservando mucho de la belleza con que la Madre Naturaleza dotó a esa próspera y fértil región de nuestra Honduras.

Con la construcción de la carretera del norte, aquél viaje que era tan costoso y tedioso, que tenía una duración de tres días aproximadamente de Tegucigalpa a San Pedro Sula, en estos momentos y ante la inminente inauguración de la primera súper carretera en la región centroamericana, conocida como el canal seco, este viaje tendrá una duración estimada en dos horas y media. Cosas de la tecnología y del modernismo que ha ido derrotando el sacrificio que antaño constituía un viaje de esta naturaleza.

Fue así como doña Petra dejó constancia, para la historia, de cómo era parte de la vida del hondureño, todavía a comienzos del pasado siglo, y lo que se ha logrado, en una centuria, pese a la lentitud con que hemos ido avanzando, en medio del desarrollo del resto de los países que conforman el área centroamericana.

NACIDO EN EL INVENTARIO

Don Faustino Ramírez Rodríguez, nació iniciando la década de los años treinta del pasado siglo en un pequeño caserío, hoy aldea de San Marcos de Colón, en la cálida y hospitalaria región sur, correspondiente al departamento de Choluteca, territorio adyacente al Mar Pacífico del país.

El Inventario, convertido en un pueblo histórico del territorio nacional, pertenece a uno de esos lugares, en los que antaño abundaban las iguanas y los garrobos, que era patrimonio no solo de ese lugar sino de casi toda la región, ya que dada la proliferación de estos reptiles, venían de El Salvador y Nicaragua, a llevárselos encostalados por miles en camiones de gran tamaño y otro tipo de transportes de carga, por lo que ahora escasean y los pocos que se consiguen han adquirido un valor inalcanzable, económicamente hablando.

Esa tierra ardiente y hospitalaria, también ha sido propicia para el cultivo del jícaro, cuyo fruto, el morro, se utiliza en diferentes formas, comenzando por su semilla que es exquisitamente sabrosa al paladar, cuando los fabricantes de refrescos naturales, la utilizan para la preparación de la llamada horchata y en la propia zona sur, se prepara otra deliciosa bebida preparada con maíz y semilla de morro, conocida como pozole. Del fruto que es redondo y su cáscara protectora, una vez extraída la pulpa, artesanalmente los habitantes de la región, convierten estas en preciosos guacales que impecablemente lavados, sirven como recipientes para tomar agua, refrescos o cualquier otra bebida propia del ser humano; también los alumnos de los colegios los utilizan para dibujar en ellas en la parte exterior paisajes y todo lo que la imaginación del artista trae a su mente; la pulpa es un alimento para el ganado vacuno y porcino, por lo que la utilidad es infinitamente grande.

Pero bien, Don Tino, después de largos 60 años de no visitar su pueblo nativo, un día decidió volver al lugar donde había sembrado su ombligo, y se hizo acompañar de tres de sus hijos, (Elsa, Magda, y Walter) quienes gustosamente accedieron a realizar el impresionante recorrido, lo que resultó, independientemente del placer que tal aventura les provocó, una odisea ya que para llegar a

El Inventario, no existe una carretera debidamente acondicionada, por lo que el grupo, utilizando un vehículo de doble tracción, sorteando toda clase de obstáculos, logró llegar hasta uno de los pueblos inmediatos al lugar de su destino, en donde felizmente, encontró a un grupo de personas, que resultaron ser, ¡insólito!, parientes suyos que se identificaron plenamente y ¡oh! milagro, sirvieron como dicen en el campo, nuestros hombres y mujeres de tierra adentro, de chanes, porque la verdad es que Faustino había perdido totalmente toda noción del trayecto para llegar a su lugar de origen.

Entrada la noche, fue algo triunfal, porque de inmediato, vinieron a la mente de Faustino, los recuerdos de su infancia y de su adolescencia, pues El Inventario parece haberse detenido en el tiempo, notándose eso sí, un aumento poblacional exageradamente grande, ya que cuando él salió rumbo a la capital, en busca de oportunidades para una vida mejor, su pueblo amado tenía un promedio de cuatrocientas a quinientas personas y su sorpresa fue saber que ahora habitan en el lugar cerca de siete mil compatriotas, dedicados a diferentes actividades, como la agricultura informal, la tenería (curtiembres), cultivo del café y por supuesto, la explotación del Jícaro, que aún se manifiesta como un patrimonio regional.

Otro patrimonio del que hacen gala los inventarienses, es el cultivo de hortalizas, legumbres y verduras, sobresaliendo la cebolla, el ajo, el tomate, el repollo y los pimientos que sus laboriosos productores comercian en los mercados de San Marcos de Colón y Choluteca, que son los más grandes de esa zona.

Algo impresionante para el grupo de viajeros, fue escuchar ya en horas de la noche las historias del patriarca del pueblo, don Venancio, quien con un poco más de 90 años, con una lucidez extraordinaria, trajo a relación los hermosos días de la segunda mitad de la década de los años veinte del pasado siglo, al referir lo relacionado con la existencia de la abundante fauna que enriquecía los bosques y montañas de aquél lugar, el que dicho sea de paso, es de los pocos que mantienen clima fresco en la región sur del país, razón por la cual, habían logrado sobrevivir animales como: el jaguar, el coyote, el lobo, el puma o león americano, tigrillos, dantos y otros mamíferos, así como serpientes y víboras de diferentes especies, particularmente la gigantesca boa que aún se encuentra; también era refugio de guaras, loras, cotorras y pericos que inundaban   la comarca, pero también el lugar era rico en otras especies de la fauna hondureña, las ardillas, los conejos, los venados, los cusucos o armadillos, sin faltar las mariposas de diferentes colores y tamaños y el bellísimo colibrí esmeralda, los apiarios con millones de abejas productoras de la exquisita miel de blanco, en fin la naturaleza en ese paradisíaco lugar de la región sur, a pesar de la depredación por la tala y la caza inmisericorde, más los incendios forestales, todavía conserva mucho de lo que originalmente poseía a comienzos del pasado siglo, según relato de don Venancio.

Hay una serie de pueblecitos vecinos a El Inventario, cuyos nombres son desconocidos por la inmensa mayoría de los hondureños, tales como: Cerro Piedra Grande, Colón, El Aguacate, El Trapiche, El Carrizo, El Guácimo, El Guailo, El Horno, El Naranjo, El PAISAJE, El Trigo, El agua Agria y La Candelaria, de los cuales sus habitantes, solidariamente hablando, comparten con sus vecinos muchas de las experiencias e inquietudes que los hacen sobrevivir, casi, casi, abandonados a su propia suerte, por quienes están en la obligación de brindarles apoyo, por lo menos dotándolos de energía eléctrica, agua potable, clínicas, escuelas y demás insumos que los inserte al moderno sistema de vida del siglo XXI.

La permanencia de Faustino y sus vástagos, fue de cinco días, que le sirvieron para recorrer las laderas y admirar algo de lo que antaño fueron caudalosos ríos y riachuelos, hoy convertidos en lánguidas vertientes, que a duras penas suministran el precioso líquido para la subsistencia de sus pobladores.

En este país, que fue el escenario del Cuarto y Último Viaje del audaz navegante genovés, el intrépido Cristóbal Colón, con sus carabelas, La Vizcaína, La Capitana, Santa María de Palos y La Gallega, se encuentran extraordinarios sorpresas como una demarcación en la propia, hoy aldea, de El Inventario, conocida como La Botija y es que en ese lugar, precisamente, hace cerca de ochenta años, Faustino, siendo un niño, curioso como todos los de su edad, observó en una noche de luna, cuando un grupo de vecinos cavaba un profundo hoyo y en materialmente debidamente protegido, escondían una gran cantidad de dinero y otros objetos de valor, ya que en aquella época por esos sitios no se conocían los bancos y todavía los hondureños estábamos a merced de las guerras fratricidas, cuyos soldados al entrar triunfantes a equis o b lugar, lo primero que hacían era saquear las casas de los adversarios políticos, violar mujeres, robar ganado y otra serie de pillerías, que obligaba a los residentes en cualquier lugar de la geografía nacional a tomar sus propias precauciones.

Esa botija de que se habla, es precisamente la que Faustino vio que enterraban y que él perdió de vista el lugar exacto, por cuanto en el período en el que él abandonó su tierra natal era un muchacho de unos trece o catorce años, a quien ese tipo de actividades le salían sobrando; andando el tiempo, por supuesto, vino a su memoria el recuerdo de aquella inolvidable noche de luna, pero sus múltiples actividades en la capital no le permitían volver al sitio de referencia, por lo que el tiempo, fue avanzando, y avanzando, hasta que él, ya entrado en años, decidió no solo despedirse de su amado Inventario, sino que incursionar por el lugar que tentativamente recordaba había sido guardado aquél tesoro que allí tiene que estar y que precisamente por eso ha sido demarcado y terminantemente prohibida su excavación.

Faustino observó, intrigado, como un frondoso árbol que parientes de él habían sembrado hace exactamente el tiempo aludido, ochenta años, estaba seco y convertido ya en un tronco inservible, porque había sido víctima de un fulminante rayo hace unos diez años aproximadamente; sus habitantes no han querido convertirlo en leña, porque para ellos ese árbol aun seco, mantiene algún misterio, o era nido de alguna serpiente, o es el lugar preciso donde está la botija, porque según los campesinos, los metales atraen los rayos. Eso se sabrá algún día.

Cabe señalar, que en una elevada cima, que es algo así como una fortaleza o guardia permanente de El Inventario, esa cima lleva el nombre de La Botija, que nada tiene que ver con la del relato que ocupa este espacio.

En la región sur de este país, además de San Marcos de Colón, que es una de las principales demarcaciones geográficas del departamento de Choluteca, existe una buena parte del Mar Pacífico, en el cual se encuentran enclavados numerosos sitios turísticos, como el histórico Puerto de Amapala, enclavado en el Cerro El Tigre, otrora emporio explotado por alemanes, japoneses y franceses, antes de la II Guerra Mundial.

Es un puerto de aguas profundas, en el que pueden fondear barcos de gran calado, lamentablemente abandonado también a su propia suerte, sin recibir apoyo de ningún gobierno central. Pero también hay otros parajes como Coyolito, Cedeño, San Lorenzo que sí ha tenido un despertar extraordinario, en cuanto a su desarrollo turístico, comercial e industrial; por allí cerca también está El Henecán, en mar abierto, en donde de vez en cuando llegan de visita las famosas tortugas galápagos, procedentes posiblemente de la famosa isla del sur de América, gigantescas especies de carey, que provocan agradables sorpresas de insólita visión, pues de verdad son enormes y esa es una de las principales atracciones de ese lugar.

Pero, en el sur de este país, precisamente en el área del Golfo de Fonseca, se forman los grandes yacimientos de sal marina, que es envasada en la actualidad química y profesionalmente para el uso doméstico en toda la nación y la exportación en grandes cantidades a los demás países del área. Este es un fenómeno, aun no explicado digeriblemente por los científicos y los biólogos, ya que en la región norte del Mar Atlántico no se produce ni una onza de sal, lo que algún día tal vez pueda ser explicado formalmente, para salir del misterio.

Volviendo a las narraciones tan agradables y entretenidas de nuestro anfitrión, Don Venancio, nos explicaba lo sobre la existencia del paste de montaña, comúnmente llamado barba de viejo, también se le conoce como paste de cerro o matapalo, porque es un incordio que le chupa la sabia a los árboles en los cuales encuentran refugio; se trata de un tipo de tejido fibroso que crece en ciertos árboles, especialmente pinos y robles. Su abundancia en San Marcos de Colón indica que el aire en este lugar es poco contaminado. Los pastes se pueden observar en la carretera entre San Marcos y el pueblo de Duyure.

Otra agradable visión para el viajero, es la presencia en el área montañosa de esa carretera, de una flor en particular creciendo en el territorio de San Marcos es « el cacho », una especie de orquídea de color amarillo huevo, cuya forma recuerda a un toro con cuernos grandes, misma que florece a principios del invierno (mayo), su aroma exquisito y singular, la distingue de otras orquídeas similares en otros lugares del país, en donde se admiran especies exóticas, que felizmente están siendo protegidas no solo en el Parque Nacional de Lancetilla, a inmediaciones del Puerto de Tela, Costa Norte, sino también en el Jardín Botánico de la hoy Universidad de El Zamorano, conocida como Escuela Agrícola Panamericana, en donde por más de setenta años, los científicos de diferentes nacionalidades, que allí han venido formando profesionales de la más alta calidad para servir al mundo, han tenido la precaución de preservar y como una contribución a la sobrevivencia del planeta tierra, las más variadas especies de la fauna existente precisamente en este planeta.

Ahora bien, volviendo al objetivo principal de este trabajo, que no es más que de El Inventario, mentalmente retrocedemos a ese encantador paraje hondureño, para ubicarnos de nuevo en la comunidad y disfrutar de los refrescantes amaneceres, en los cuales la variedad de aves cantoras, de todas las especies, endulzan con sus agradables gorjeos, los tímpanos de nuestros oídos y la impresionante visión de sus multicolores plumajes, saltando de rama en rama, buscando el alimento para ellos y sus polluelos.

Las tierras de El Inventario, fértiles por excelencia, en los últimos tiempos, debidamente acondicionadas para el propósito escogido, se han convertido en terrenos ideales para el cultivo de las hortalizas y verduras, de las que extraen remolachas, tomates, zanahorias, rábanos, lechugas, repollos, ayotes, patastes y tubérculos como la papa y similares. La producción crece anualmente, y consecuentemente, la presencia de compradores se hace notar a través de los furgones y otra clase de vehículos grandes, que compran el producto, para ser revendido, sobre todo en las Repúblicas de Nicaragua y El Salvador, cercanas a la comarca tantas veces mencionada en estas líneas.

El Inventario, conserva su tradicional ímpetu de área eminentemente rural, pues la inmensa mayoría de las residencias de sus habitantes, están construidas de bahareque o adobe con techos de entejado y tabancos al estilo antiguo, en los que guardan parte de sus cosechas de granos y víveres, protegiéndolos así de los roedores y otros animales que hambrientos, en horas de la noche pululan por las cercanías del pueblo, en busca de alimento, por lo que los vecinos del lugar toman toda clase de medidas de protección y salvamento del sustento diario de la población.

Sus calles, angostas y empedradas, en su gran mayoría no poseen aceras, pero sí las tradicionales ventanas, algunas protegidas con balcones metálicos o de madera, lo que le da un toque de elegancia y estilo muy peculiar a este sitio, que se perfila como un nuevo polo turístico comercial e industrial de la región sur de este país centroamericano en donde se adora a Jesucristo y se habla la lengua de Cervantes.

El Inventario, está creciendo demográficamente, y es muy posible que en el orden económico estén mejorando sustancialmente, pero se ha descuidado la educación elemental y hacen falta Centros de Salud, independientemente de que la principal calle de acceso, que empalma con la carretera panamericana, que comunica con Nicaragua, se encuentra en pésimas condiciones, por lo que sus pobladores reclaman, y con justicia, la atención de las autoridades departamentales, y más particularmente, de las Secretarías de Estado, encargadas de la salud, la educación, las carreteras y el sector rural; sin embargo, a pesar de la carencia de tales atenciones, El Inventario va rumbo a su desarrollo integral, ya que la principal preocupación de sus hijos es el trabajo.

Olvidábamos decir, que por las noches, miles de murciélagos oscurecen mucho más el espacio aéreo de esa comunidad, por lo que la presencia de estos indeseables mamíferos voladores, ha obligado a sus habitantes a tomar medidas extremadamente preventivas para proteger sobre todo el ganado y las aves domésticas ya que tales voladores nocturnos, hacen estragos extrayendo la sangre de los mismos y consecuentemente, dañándoles su salud y contaminándolos, por lo que el hombre se ve obligado a sacrificarlos con la muerte, perjudicando inevitablemente su economía.

La familia de Don Faustino, permanentemente, vive pensando en la existencia de la botija de que tanto les habló su progenitor, fallecido ya hace algún tiempo en la capital política de este país, máxime con las narraciones que Don Venancio les hizo durante su breve estadía, en la tierra que recibió en su seno el ombligo de éste ciudadano que llegó a convertirse en un hombre modelo y ejemplar para la sociedad hondureña, a la que prestó sus mejores momentos de entrega total y patriotismo, recorriendo casi todo el territorio, siempre en busca de nuevos hallazgos para ubicarlos puntualmente en el mapa que oficialmente, retrata la geografía de esta parcela centroamericana, vale decir, montañas, valles, bosques, vertientes, minerales, sitios arqueológicos, refugios de reptiles, de aves silvestres y aun, de sectores marinos donde existen arrecifes de coral, considerados por los científicos y biólogos, entendidos en la materia, como los más bellos y grandes del planeta tierra, por lo que zonas como las Islas de la Bahía y especialmente su cabecera departamental la floreciente Roatán, es objeto de permanentes visitas de turistas extranjeros, ávidos de agradables sorpresas, de las que la Naturaleza, a menudo nos ofrece, cuando poseemos ese espíritu aventurero y explorador que nos lleva hasta los más apartados rincones del globo terráqueo.

Ese fue Faustino Ramírez, un consuetudinario visitante de todos los rincones de esta pequeña, gran nación, dueña de miles de sorprendentes y misteriosas pinceladas, de auténtico sabor natural; por lo que sus coterráneos de El Inventario, cuando conocieron la extraordinaria labor que durante más de 60 años desarrolló este hijo predilecto de Honduras, trataron de penetrar mucho más estudiando su biografía, dándose cuenta que él, prácticamente, sin mayores estudios académicos, había alcanzado un nivel autodidáctico de sorprendentes resultados, que lo llevaron hasta la Jefatura de uno de los más importantes departamentos del Instituto Geográfico Nacional (IGN), institución del Estado a la que consagró cerca de medio siglo de su fructífera existencia y de la que egresó, solo cuando por obligación, tuvo que incorporarse al sistema de jubilaciones y pensiones que el gobierno otorga a sus empleados y ex empleados que han llegado a la edad reglamentaria para engrosar la legión de tales personajes, recibiendo una pensión decorosa, con la cual terminó sus últimos días en un centro hospitalario de la capital de la República.

Don Faustino Ramírez, por su enorme calidad humana y elevado espíritu de solidaridad, durante su vivencia en la emblemática Colonia 21 de Octubre, de Tegucigalpa, llegó a convertirse no en un líder, ni político, ni religioso, ni deportivo, sino más bien, en un patriarca, ya que todo el mundo lo admiraba, lo respetaba y le amaba porque él, siempre estuvo presto al servicio de los demás, jamás, de los jamases, expresó la palabra no, cuando su casa era visitada por alguien en busca de auxilio o de un favor, para calmar cualquier situación difícil que en su hogar se presentara. Le caracterizó siempre el don de la reconciliación, pues cuando una pareja estaba a punto de separarse o divorciarse, él actuaba inmediatamente como buen conciliador y después de largos ratos de conversaciones terminaba su humanitaria labor reconciliándolos.

Por otro lado, es menester recalcar el hecho de que su vivienda permanentemente se vio envuelta con el calor de parientes cercanos y lejanos suyos, ya que siempre su hospitalario espíritu familiar le señalaba un rincón para los que buscaban posada, viniendo de diferentes poblaciones del exterior de la capital e incluso, de otros países. Su casa siempre estuvo abierta para el calor humano y eso lo hacía inmensamente feliz, aunque a veces contrariaba a algunos miembros de su numerosa familia porque su hospitalidad era tan grande, que hasta se despojaba de su propia cama para cedérsela a sus huéspedes gratuitos, compartiendo también su alimento diario, y todo lo que en esa casa se consumía.

Ese don lo llevó al sepulcro con una sonrisa dibujada en su rostro, algo así como satisfecho del deber cumplido durante su permanencia en ese valle de lágrimas; así lo remarcaron las personas que acudieron a su velatorio, y le dieron el último adiós frente a la caja mortuoria, que llevó sus restos mortales hasta el sepulcro.

LA MALDICIÓN NEGRA

Llegó el "negro" Sebastián a visitar a su hermano de crianza, residente en la vieja casona de la calle del Tablón, El "negro", desde hacía algunos días andaba bebiendo licor y se dio cuenta que su hermano también estaba en lo mismo, por lo que decidió invitarlo a unos tragos, no lejos del sitio en donde vivía este último.

Salieron juntos en horas de la mañana y en los alrededores de la ciudad se tomaron las copas que pudieron, habiéndose despedido y tomado cada cual el rumbo que mejor le pareció.

Al llegarla tarde, una señora de la vecindad de la vieja casona de la calle del Tablón, salió corriendo dando gritos de angustia, pues se le había perdido el dinero que recién le habían pagado en el sitio donde trabajaba, paga correspondiente a un mes de labores.

Comenzó las investigaciones del caso y llegó a la conclusión de que quien había robado su dinero había sido el "negro" Sebastián, pues era el único extraño que había visitado la casa durante el día.

Fue a la policía y en efecto, el "negro" fue capturado y llevado a las celdas de investigación, en donde fue sometido a rigurosos interrogatorios y posteriores torturas, pues el "negro", en ningún momento reconoció el delito que se le achacaba, ya que él se consideraba inocente, y en efecto lo era.

El "negro" permaneció varios días preso, tiempo que sirvió para que le avisaran a su señora madre, residente en uno de los puertos del país, que su hijo había sido apresado y que necesitaba urgentemente de su presencia en la capital.

La madre del "negro", hacía muchos años que no lo veía, porque la distancia que la separaba de su hijo es bastante extensa. Sin embargo, hizo un esfuerzo extraordinario, ya que ella era muy pobre y logró llegar hasta el lugar en donde guardaba prisión su hijo.

Haciendo acopio hasta el último centavo que tenía en su poder, logró sacar de la cárcel al vástago suyo que había sido acusado de ladrón, sin que la autoridad lograra comprobarle nada.

Pero al salir de las mazmorras fue lo grave, pues los flagelos a que fue sometido el "negro", le habían causado trauma y dolorosas heridas que le cruzaban la espalda y otras partes vitales de su corpulenta anatomía.

La anciana madre, ante aquel cuadro desgarrador de su hijo golpeado y flagelado bestialmente, pues hay que advertir que la señora perjudicada con la pérdida del dinero, tenía un hijo que era alto oficial del ejército, por lo que sus órdenes, más bien sus peticiones en los cuerpos de seguridad del Estado eran obedecidas al pie de la letra, lo que dio lugar para que los verdugos policiales se ensañaran en la inocente víctima.

Aquella angustiada madre, de visita en casa de unos familiares suyos comentó el asunto de su hijo golpeado tan salvajemente, por la policía para sacarle una verdad que jamás existió.

Se puso de hinojos con alguna dificultad, pues su robusto cuerpo andaba por las doscientas cincuenta libras e invocando el nombre de Dios, maldijo a la causante del dolor de su hijo, pues sin tener ninguna pista segura lo había enviado al sacrificio. Y la maldijo una y varias veces con toda la fuerza de su alma.

Transcurrió algún tiempo. El oficial del ejército, hijo de la señora que había enviado a la cárcel al "negro" Sebastián, fue asignado por el alto mando militar, a un vasto territorio de su país, que por entonces se encontraba convulsionado por asuntos agrarios.

El joven oficial llegó con las mejores intenciones, tratando de limar asperezas y poner orden allí donde se vislumbraba una situación caótica.

Soñaba el militar del cuento con convertir aquella vasta región en un auténtico granero, capaz de abastecer, no solo su país, sino los demás del área y es que aquellas ricas tierras estaban destinadas a llenar un gran vacío dentro de la pobreza en que se desenvolvía un estado subdesarrollado, denominado, precisamente por su pobreza, tercermundista.

Debidamente aleccionado por sus superiores, este joven mílite llegó hasta el departamento indicado y estando allá estableció contactos con los ganaderos y terratenientes más influyentes de la región, con quienes conversó largo y tendido sobre los hermosos planes que llevaba para redimir a los campesinos y tratar de conciliar a las partes a efecto de que la paz y el orden no se perturbaran.

Pero no todo salió como él soñaba. Comenzaron con su llegada las intrigas pueblerinas y los lavados de cerebro, acusando a los trabajadores del campo de subversivos, de agentes del desorden, de enemigos del gobierno y de las Fuerzas Armadas, en fin, la de no acabar en asuntos de chismes, en perjuicio de los labradores.

Fue tanta la presión que los "pudientes", ejercieron sobre el nuevo jefe militar que una noche fue "Troya", la sombra de la muerte asomó con su guadaña por aquel sector del país y en cuestión de minutos un baño de sangre había enlutado el alma nacional.

Y en medio de aquella vorágine cayeron dos sacerdotes, tres estudiantes mujeres, cinco campesinos y varios dirigentes comunales.

Fue la noche de San Quintín.

Pero lo peor del caso fue la forma salvaje, despiadada, totalmente deshumanizada en que se cometió aquel abominable crimen, que ha pasado a las páginas de la historia como uno de los más espeluznantes que la humanidad registra.

Todo parece indicar, por las características, que posteriormente se investigaron, que aquel sangriento pasaje fue escenificado por los verdugos, bajo los efectos de las drogas.

Después del crimen, los hechores, tratando de cubrir la matanza, los lanzaron a un pozo malacate que funcionaba en la hacienda de un lugareño, que tenía un aserradero en ese mismo lugar. El pozo, que sirvió de original fosa a las víctimas de este horrendo crimen, fue cubierto con toneladas de arena, cal y rocas, las que después hubo que demoler, mediante dinamitar aquella tumba, no deseada.

Al enterarse los periódicos nacionales y las agencias internacionales de aquel bochornoso suceso, que recorrió como pólvora el mundo entero, los corresponsales de prensa hicieron acto de presencia en el país, donde ocurrió el hecho y con sus testimonios, una vez verificado el lugar de los acontecimientos se condenó con mayor severidad aquel suceso que conmovió al mundo entero.

El oficial, autor material e intelectual del crimen fue condenado a cadena perpetua. Algunos de los que participaron en el hecho fueron también condenados a penas similares y andando el tiempo fueron favorecidos con una amnistía general, pero al salir de la cárcel fueron ajusticiados por familiares de las víctimas que uno a uno los fueron exterminando.

Pero el asunto no termina así nomás.

Después que los periódicos y las agencias internacionales dieron cuenta al mundo de lo ocurrido comenzó una interminable campaña de descrédito para el país de referencia, para su régimen y para las fuerzas armadas, lo que dio lugar a un cambio brusco de gobierno, pues un golpe de estado dio al traste con el sistema que imperaba y con el causante de ese crimen que a estas alturas, aun conmueve a la humanidad entera y conste, que han transcurrido muchas décadas del mismo.

Una vez, accidentalmente, la causante de todo este drama, se enteró a ciencia cierta que el que le había robado su billetera con todo el dinero del pago de su trabajo durante un mes, había sido precisamente un sobrino suyo, que también, vaya coincidencia, procedía de otro de los puertos del norte del país, afectado por aquella tragedia.

El "negro" Sebastián, con el tiempo sanó de las heridas y los golpes recibidos durante su permanencia en las celdas policíacas, pero sanó de las heridas causadas por sus verdugos, más no por las que le causaron a su corazón herido, quienes lo acusaron poniéndolo tras las rejas.

El "negro" ingresó a los Alcohólicos Anónimos y allí dejó de beber licor, habiéndose convertido en un hombre útil a su familia, a la sociedad y a la patria.

El oficinal militar, causante de la horripilante muerte de aquellas inermes personas, fue confinado a una celda penitenciaria, pero su angustiada madre, al fin madre, hizo hasta lo imposible por lograr su libertad.

Numerosos abogados, todos con especialización criminalista, fueron contratados por el alto mando militar, para defender a un miembro de su seno, que se encontraba prisionero, purgando un crimen que quizás él nunca pensó cometer y que lo convirtió en figura central durante mucho tiempo.

Grandes cantidades de dinero fueron depositadas en las cuentas bancarias de los citados profesionales del derecho y así, se libró una de las más cuestionadas deliberaciones en materia jurídica, pues el pueblo jamás estuvo de acuerdo en que aquel hombre saliera de la cárcel.

Para evitar que las represalias continuaran, el mílite, que al fin logró su libertad, fue enviado al exterior, lejos, muy lejos de su lugar de origen, posiblemente hasta Europa, ya que a ciencia cierta se desconoce en donde vivió sus últimos días, pero lo que sí es cierto es que jamás regresó a su tierra natal, pues el odio, el rencor y la venganza siempre estuvieron frescos en la mente de los familiares de las víctimas, de aquellos ciudadanos que fueron inmolados y después lanzados al fondo de un pozo malacate.

La experiencia nos ha enseñado que no hay crimen perfecto y que nadie se va de este mundo sin pagar el precio de su buena o mala conducta.

El relato que antecede, sucedió en algún lugar de América.

Los personajes, protagonistas del cuento en realidad existieron, las características del crimen son más espantosas. Parecen arrancadas del mismo averno.

Son como narraciones poéticas de Dante, en su Divina Comedia.

Los "negros" caribeños, esos que vinieron a poblar ciertas regiones de América, a finales del Siglo XVIII, a estas alturas siguen guardando celosamente sus costumbres, sus tradiciones, su idiosincrasia, su cultura.

Durante las ceremonias que viven en todo su realismo, ejecutan bailes en los que dejan ver su alegría o su tristeza. Sus danzas son la expresión sublime de su temperamento, de su raza.

Viven del recuerdo imperecedero de su África milenaria y misteriosa y en sus ritos invocan a los espíritus, así malos como buenos. Son fanáticos de sus creencias y utilizan hierbas de toda especie para preparar sus brebajes.

Durante el desarrollo de sus ceremonias, las mujeres, los hombres, los ancianos y los niños participan activamente y sus líderes, a veces como consejeros espirituales, otras como guerreros invencibles, los hay también como hechiceros malignos y curanderos famosos, en fin, la mar y sus conchas.

Lo importante es que el resto de la población, cercana a sus viviendas los respeta, los admira en ocasiones y los aprecia y de esa manera van transcurriendo los años y pasan los siglos y los negros, provenientes de esa África gigantesca e inconmensurable han llegado a convertirse en parte importante e influyente de la población de América, con la que conviven, ahora sin discriminaciones.

Pero cuando al negro, alguien se atreve a hacerle daño, se enfurece, se siente lastimado y apela a sus defensas personales, recurre a sus conocimientos, a ese legado que vienen arrastrando desde hace siglos.

Eso ocurrió con la madre de Sebastián "El Negro" en el viejo caserón de la Calle de El Tablón. Aquella madre se indignó, se reveló contra los que le hicieron daño a su hijo y saltó la maldición que hizo impacto directo en quienes le habían ofendido y los lanzó hacia el abismo y desde allí fueron descendiendo hasta hundirse en el oscuro remolino de su propia destrucción.

Cuentan que han transcurrido muchos años. La maldición negra pende sobre las generaciones de aquella, por cuya culpa su hijo fue golpeado, flagelado, humillado y puesto en la picota de la opinión pública.

La historia es dramática.

Cualquier similitud con personajes y hechos ocurridos en un pasado muy lejano, constituyen sencillamente una coincidencia.

Cuentan que en las cercanías de donde ocurrió la tragedia que hemos descrito, a inmediaciones del tristemente célebre pozo malacate, hay un volcán extinguido, pero que por las noches se escuchan grandes retumbos y enormes bolas de fuego cruzan el espacio, sobre todo después de la medianoche, procedentes del volcán.

Las lechuzas, los búhos, los vampiros y los murciélagos, retozan con alguna frecuencia por los alrededores de donde sucedieron los hechos descritos, con presencia satánica.

Hay quien se atreve a asegurar que por esa zona merodean los chacales, los cuervos y los halcones, husmeando sabe Dios qué.

Pero aquellos terrenos, otrora llenos de verdor, aquellas tierras fértiles, robustecidas por una vegetación codiciada, ahora se han convertido en zonas áridas en donde no crecen ni las espinas.

Por las noches también se escuchan en toda la región fúnebres cánticos. Voces clamorosas que imploran justicia y gemidos dolorosos que infunden terror. Todo en la región es pánico y es que la misma se ha tornado lúgubre, tétrica, maloliente, como si hubiese en sus alrededores alguna mina de azufre. Una zona inhabitable, totalmente desolada.

Y pasarán muchos años, quizás siglos, sin que nadie viva o siembre algo por los alrededores en donde se protagonizó tan deleznable como siniestro episodio que en su oportunidad arrancó los más variados comentarios, pues se dijo que la MALDICIÓN

NEGRA había actuado con despiadada sincronización, a tal extremo que no se había perdido ningún detalle de los que oportunamente había calculado quien alzando sus brazos al infinito, maldijo una y varias veces, a los causantes de la tremenda golpiza que le propinaron al "negro" Sebastián, siendo el pobre una víctima más de las ligerezas con que actúan ciertas personas, que sin premeditar, sin advertir las consecuencias de su irreflexión, lanzan al cadalso a sus semejantes provocando la ira y la venganza de quienes han nacido predestinados y no soportan nada que atenta contra ellos o los suyos.

Cuentan también que la comunidad negra de aquel país, que ya se aproxima al millón de personas, ha vivido pendiente de los sucesos acaecidos, después de la tragedia del pozo malacate y siempre están recordando el daño causado a uno de los suyos. Y en sus ceremonias, cuando están bajo los efectos de la sublimidad de sus danzas, en trance, aparecen escenas macabras, que recuerdan en toda su crudeza el crimen del pozo malacate, cuyo conjuro no se ha podido lograr, a pesar de que numerosos religiosos, de diferentes sectas, han estado en el propio sitio del hecho y han realizado todo género de exorcismos para lograr ahuyentar el maleficio que pesa sobre el lugar del crimen.

De todas maneras, de lo narrado hace ya mucho tiempo. Los habitantes de todo el territorio han comenzado a hablar menos del asunto y colorín colorado, este cuento se ha acabado.

EL SINGULAR SALUDO DE DON MANUEL SEVILLA OLIVA

Don Manuel Sevilla Oliva fue uno de los periodistas más cotizados del presente siglo. Por asuntos políticos tuvo que emigrar a la república de El Salvador, siendo muy joven, en los años 30 de esta centuria.

Dada su capacidad profesional, pues también fue un gran maestro de educación media, logró abrirse paso en El Salvador y allá se casó con una virtuosa joven que fue la mujer de toda su vida.

Cuando en 1957 el doctor Ramón Villeda Morales ascendió a la primera magistratura de la Nación, uno de los primeros nombramientos que hizo fue el de don Manuel Sevilla, como Secretario de Prensa de la Presidencia de la República, cargo que compartía el maestro con el distinguido hombre de letras don Enrique Gómez Zelaya, otro de los auténticos valores del diarismo nacional.

Don Manuel era un hombre austero, de pocas palabras, consagrado permanentemente al trabajo, del que era un eterno enamorado. Era muy difícil ver a don Manuel haciendo nada.

Su oficina en Casa Presidencial estaba contigua a la del gobernante, por lo que todos los visitantes al presidente Villeda Morales tenían, por fuerza, que pasar por enfrente del mencionado periodista Sevilla, quien jamás se detenía de hacer lo que se proponía.

Así, era común y corriente que los jefes de misión diplomática, que son muy dados a las genuflexiones, pasaran por enfrente de don Manuel y, para saludarlo, utilizaran todo género de rimbombantes palabras, que al final no hacían más que arrancar un hueco ¡Hola!, de parte de don Manuel, que continuaba como si nada, trabajando frente a su máquina de escribir, la que parecía que echaba fuego, según la velocidad que le imprimía a sus propios dictados.

Ese ¡Hola! de don Manuel Sevilla se hizo famoso dentro de los salones de Casa Presidencial, hasta el grado de llegar al conocimiento del mandatario, que siempre hacía broma con tal ocurrencia.

PESCADO PARA VENDERLO EN OLANCHO

Dos buenos amigos, pasando por uno de esos momentos difíciles por los que atravesamos la mayoría de las personas en determinado momento de nuestras vidas, decidieron, para sobrevivir al acoso de los múltiples problemas, sobre todo de carácter numismático, viajar a las comunidades del vasto departamento de Olancho, en donde todavía se pueden vender muchas cosas que en otras plazas de la república están conjuradas.

Los dos buenos amigos, uno de ellos vinculado estrechamente a nuestra familia, optaron por comprar algunos pescados blancos de río, para revenderlos y obtener alguna ganancia.

Pero cuál no sería su decepción al paso de las horas, en que la gente de Olancho casi no gusta de comer pescado blanco, situación que les era expuesta a cada rato en todas las casas hacia donde llegaban con su "negocio". Ante el acoso del tiempo, con el peligro de que la "mercancía" se les arruinara y sin esperanzas de encontrar un cliente, decidieron utilizar una estrategia, que al final les dio excelentes resultados.

Visitaron por ahí una botica, en la que compraron unas bolsitas de anilina roja, con la que tiñeron el hocico de los pescados que nadie quería comprarles y regresaron al centro del pueblo, ya con pescado rojo, a la carga.

Vaya usted a creer que a la hora y quince minutos toda la carga la habían vendido y todavía había parroquianos que les preguntaban si no llevaban más pescado rojo.

Lo demás de esta historia, que es de la vida real, ustedes se lo tienen que imaginar, pues mi estimado pariente y su acompañante nunca, jamás volvieron a Santa María del Real y lugares adyacentes, hace ya más de 25 años.

Hoy día, uno de estos dos inseparables amigos es un próspero hombre de negocios, pues alternó sabiamente la política con sus empresas y le ha ido muy bien. En cambio, mi pariente, que decidió llevar una vida diferente, trabajando para el Estado, sigue haciéndolo y ahora está próximo a adquirir su jubilación, pues son muchos años los que le ha entregado al gobierno.

EL SUSTO DEL AÑO EN MANAGUA EN 1972

Orlando Araúz era un coronel de la Guardia Nacional de Somoza en Nicaragua. Este ilustre caballero había logrado hacer amistad con numerosos periodistas nacionales, por cuanto su gobierno lo había nombrado Agregado Militar ante el gobierno de Honduras.

Orlando, en aquellos dorados tiempos, consumía, igual que muchos de sus amigos hondureños dedicados a buscar noticias, grandes cantidades del "Flor de Caña", que era fabricado allá en Managua, y esa era una de las razones por las cuales la amistad se acentuaba cada vez más.

En cierta ocasión llegamos a Managua, allá por el año de 1972, atendiendo invitación del buen amigo Araúz. Hospedados en el Gran Hotel Nicaragua, muy cerca del Instituto "Ramírez Goyena", cierta tarde en que nos disponíamos a echar una siesta, después de una fatigosa jornada, precisamente en la habitación que se nos había asignado, cuál no sería la enorme sorpresa al abrir llave en mano la puerta de nuestra habitación y encontrar en el interior de la misma a un musculoso jovenzuelo, acostado, como Dios lo echó al mundo, con una agraciada dama, que al verme comenzó a gritar despavoridamente, pues en esos días ya los sandinistas comenzaban a hacerle la guerra en forma a Somoza y el terrorismo se había multiplicado por toda Nicaragua.

El sujeto de marras creyó que quien abría la puerta era algún guerrillero y él, como buen somocista, entró en pánico, por lo que, desnudo como estaba, comenzó a despotricar y acto seguido, tomando una hermosa pistola calibre 45, saltó de la cama y se lanzó a correr detrás de quien escribe.

Con el miedo que habrá de imaginarse el lector, logramos llegar hasta el sitio de la administración del hotel; jadeando y pálidos del miedo contamos el espectáculo que acabábamos de ver, por lo que el señor administrador se limitó a decir: "Es el dueño del hotel que ya anda bebiendo otra vez, y cuando entra en esa etapa siempre toma las llaves de los cuartos, mujer adentro y sin importarle el prestigio del hotel".

La denuncia correspondiente fue hecha ante la Comandancia General de la Guardia Nacional y se nos prometió alguna indemnización, misma que jamás llegó, recibiendo solamente las disculpas del caso.

CUANDO UN ENCUMBRADO FUNCIONARIO DE LA BANCA NACIONAL SE ORINÓ DURANTE EL CAUTIVERIO A QUE LO SOMETIERON UNOS TERRORISTAS

A comienzos del régimen del doctor Roberto Suazo Córdova, gobierno y empresa privada decidieron, en San Pedro Sula, precisamente en las instalaciones de la Cámara de Comercio e Industrias de Cortés, realizar una importante reunión, a la que se invitó a lo más granado de las finanzas y la producción nacional, con el objeto de hacer un análisis concienzudo de la realidad nacional.

Todo el calvario que se vivió en esa memorable ocasión ha sido descrito magistralmente en un interesante libro que se intitula Cárcel de Horizontes, en donde el autor, licenciado Miguel Cálix Suazo, relata paso a paso los episodios del viacrucis a que fueron sometidos los rehenes por parte del grupo terrorista que se tomó las instalaciones de la Cámara con funcionarios y empresarios en su interior.

Pues bien, algo que muy pocos conocen, a no ser los protagonistas de esta página inédita, es que uno de los más altos funcionarios de la banca nacional, lleno de pánico por lo que estaba sucediendo, fue presa de los nervios que lo llevaron a ejecutar, inconscientemente, una acción fisiológica que más tarde sirvió para que algunos de sus compañeros la refirieran con la mayor naturalidad, pero eso sí, entre ellos nada más, a tal extremo que hasta el momento nadie, que no sean los propios perjudicados, conocía este pasaje, que no tiene nada de extraordinario, por cuanto es natural que alguien en una situación así tenga miedo y el miedo tiene diferentes formas para manifestarse.

CUANDO UN CONOCIDO INGENIERO SALVÓ AL GOBIERNO DE UNA PÁGINA NEGRA

Transcurría 1962. Era el gobierno del doctor Ramón Villeda Morales. Los cuerpos de seguridad de ese gobierno estaban integrados por la Guardia Civil, que ejercía funciones de Policía uniformada, y la Policía de Seguridad, cuyas atribuciones eran las de investigación y protección del régimen mediante el sistema de vigilancia y espionaje.

Ambas instituciones eran afines en todo su trabajo, pues servían a un mismo gobierno con lealtad y alguna eficiencia.

En cierta ocasión un grupo de jefes de la Policía de Seguridad, cuyos nombres vamos a omitir por razones obvias, se encontraban en el interior de un lenocinio, dizque en el cumplimiento de su deber, nada más que en plena actividad de enamoramiento con algunas de las prostitutas del negocio, cuya propietaria era una señora de origen salvadoreño llamada Sandra Martell.

Tomándose un refresco estaba también en el interior del negocio un ciudadano muy conocido y respetado, del que también omitiremos el nombre, pues si bien han transcurrido casi tres décadas de aquella célebre oportunidad, muchos de los actores están vivos y no deseamos vernos envueltos en problemas familiares.

Así las cosas, al rato entraron cuatro oficiales de la Guardia Civil al mismo negocio y todo parece indicar que uno o más de los oficiales mencionados tenía amores con las mismas "muchachas" que en ese momento eran cortejadas por sus compañeros de trabajo en la otra rama. Oficiales y jefes de Seguridad habían ingerido algunos tragos de licor, por lo que al momento se armó fuerte discusión disputándose el amor de las hetairas, discusión que a cada instante se acaloraba más y más, hasta el extremo de que poco a poco los protagonistas iban tomando posiciones como para armar una balacera de once mil diablos.

El señor del cuento que estaba solo, observando el drama que se escenificaba, disimuladamente salió, sin que nadie lo sospechara e inmediatamente, de un teléfono cualquiera hizo una llamada de urgencia a los jefes superiores de la Guardia Civil, los que al momento llegaron armados hasta los dientes, procediendo a romper la puerta del burdel y sacando a empellones a los que estaban a punto de protagonizar uno de los episodios más repugnantes que se hubieran escrito en aquel entonces y que le hubieran puesto tintes de total y absoluto descrédito al gobierno del demócrata exgobernante, pues los muertos de ambos lados hubieran sido por lo menos 10.

CUANDO EL POETA SOSA Y MARCO A. RUSH ME HURTARON LAS OBRAS SELECTAS DE VARGAS VILA

El poeta Roberto Sosa, en sus años mozos, tenía un buen amigo del que era inseparable: se llamaba Marco Antonio Rush y era de origen alemán.

Esta pequeña historia tiene unos 40 años.

Del estante de mi augusta madre sustraje un apetecido libro que llevaba por título "Obras Selectas de Vargas Vila", que por entonces todavía mantenía su vigencia literaria alrededor del continente y posiblemente más allá, por lo que sus obras eran muy codiciadas.

Con la condición de que el libro me iba a ser devuelto a la mayor brevedad posible puse en manos de Roberto y Marco Antonio aquella joya literaria, la que andando el tiempo pasé reclamando a ambos personajes, quienes siempre me dieron la misma respuesta. "Lo dejamos olvidado allá por el parque La Concordia, pero te vamos a conseguir el libro por otro lado, no te preocupés".

Ha transcurrido el tiempo. Vargas Vila, por razones ignoradas, fue perdiendo beligerancia en todas partes y nadie o casi nadie se ha vuelto a ocupar en reeditar sus obras, que a nuestro juicio deben ser conocidas por las generaciones del presente.

Anduve por Colombia, Costa Rica, México, Europa y los Estados Unidos y en todas partes he preguntado por el tal libro y no aparece ni con lupa por ninguna parte.

Alguien decía que los libros se hacen para venderlos, se compran para leerlos y se prestan para perderlos.

Otro decía que es tonto quien presta un libro, pero más tonto quien lo devuelve.

CUANDO EL DOCTOR VILLEDA MORALES LEÍA SUS COMENTARIOS PARA LA VOZ DEL PATRIOTISMO

Los de 1958 y 1959 fueron años muy difíciles para el gobierno de Villeda Morales. Sus adversarios políticos no le daban tregua y a cada instante, por toda la República, aparecían señales de hostigamiento, con el propósito de desacreditarlo y lograr su debilitamiento y finalmente su caída.

Extrafronteras se montó una radioemisora con cobertura internacional, la que era dirigida por el recordado periodista y licenciado Luis Alfredo Alonzo, a quien acompañaban otros descontentos políticos, algunos de los cuales mencionó recientemente el periodista Orlando Henríquez Girón, en su leída sección de Martes a Viernes, que publica en LA TRIBUNA.

Aquella campaña sostenida, que por las noches sobre todo, tomaba mayor fuerza, mantenía en vilo al régimen del Doctor Villeda Morales.

Para contrarrestar en parte dicha actividad insurgente, el gobierno decidió montar un programa radiofónico, a través de HRN, antes de "Diario Matutino", que dirigía el licenciado Gustavo Acosta Mejía y cuya duración se limitaba a una hora (de 6 a 7 a.m.) diariamente.

"LA VOZ DEL PATRIOTISMO", que así se dio en llamar al programa aludido, era editado en Casa Presidencial por el propio gobernante, Doctor Villeda Morales.

Quien escribe, que era uno de los dos locutores, tenía la obligación de pasar todas las mañanas a las 5:00 en punto, recogiendo el material para el programa que salía al aire a las 5:45 a.m., con duración exacta de 15 minutos, apenas.

Pero el programita pegó, como se dice en el argot radiofónico, pues la voz de Jorge Figueroa Rush, en esa época, era una de las más potentes y cotizadas del medio, de tal manera que el programa susodicho les hacía "roncha" a quienes se habían dado a la tarea de debilitar el gobierno, cuya actividad culminó el 12 de julio de 1959, cuando el señor Armando Velásquez Cerrato decidió "tomarse" la ciudad para hacerle la guerra al gobierno constitucional.

Lo demás es historia registrada en las páginas de revistas, periódicos y libros escritos a propósito.

Lo deseable señalar al hacer esta referencia es el hecho de que el Doctor Villeda Morales, al indicar las pautas del programa, siempre releía sus trabajos y les daba la entonación que, según él, debería dársele al momento de pasarlo por el micrófono.

UNO DE LOS PRIMEROS CONDUCTORES DE AUTOMÓVILES QUE NO TUVO ACCIDENTES

La llegada del primer automóvil a Honduras se remonta más o menos a 1912 y, según los conocedores de la época, el propietario de ese vehículo fue el señor Julio Villars, quien constituía motivo de admiración y hasta de comentarios bajo-bajo, por la novedad del caso.

Posteriormente fueron pasando por las calles y avenidas de Tegucigalpa y Comayagüela numerosos compatriotas que eran los "adonis" de la temporada.

Motoristas de la "vieja guardia" fueron, entre otros, don Miguel Bárcenas, los hermanos Albino y José Castillo, Pedro Herrera, Narciso Rodríguez y otros distinguidos elementos que en su tiempo fueron los pioneros de lo que ahora es toda una industria altamente calificada, en la que se han invertido enormes cantidades de dinero, a nivel nacional.

Las carreteras de Honduras son acosadas diariamente, durante las 24 horas del día, por miles de automóviles de todas las marcas y calibres, comerciales, gubernamentales y particulares.

La circulación de estas máquinas por todo el territorio nacional es algo imprescindible para el desarrollo de la nación.

Pero a estas alturas las cifras de accidentes automovilísticos son escalofriantes, dada la cantidad de carros que circulan.

Aquí queremos destacar que entre los conductores más antiguos y que jamás tuvo un accidente de tránsito, fue precisamente don Miguel Bárcenas, un hondureño que manejó carros por más de medio siglo y nunca tuvo problemas con las autoridades de tránsito.

Pero, para apaciguar los ánimos, también hubo actos como los que logramos ver y hasta aprovechar, pues algunos de los adinerados achichinques del régimen se dieron a la tarea de recorrer las calles citadinas en automóviles lanzando dinero a su paso por la ciudad, con lo que la gente se agolpaba desenfrenadamente.

La residencia del general Calixto Carías, en la Calle La Fuente, de Tegucigalpa, fue escenario también de la repartición de dinero a granel.

Los generales Pedro e Inocente Triminio fueron también algunos de los que más dinero repartieron en esa ocasión y otras personas, cuyos nombres se escapan ya a la infiel memoria, pues de estos acontecimientos hace cerca de medio siglo.

CUANDO MEDARDO MEJÍA PASABA FRENTE A SUS CAPTORES Y NO LO CONOCÍAN

Para justificar el golpe de Estado contra el gobierno del doctor Ramón Villeda Morales, los militares de la época invocaron, mediante manifiesto, la ayuda del pueblo, señalando que el "comunismo" se estaba enseñoreando en el país, con la complacencia de las autoridades.

Y al intelectual, abogado y escritor Medardo Mejía, hombre de una vasta ilustración que a su paso por la vida dejó innumerables libros y textos para la educación universitaria y media, se le acusaba de ser un hombre de "izquierda", peligroso, al que había que capturar y poner en buen recaudo por la tranquilidad de la República. Medardo Mejía, en esos días, se había trasladado a la ciudad de San Pedro Sula y en aquella cálida ciudad nadie, con dos dedos de frente y en sus cabales, usa "saco", pues el calor es infernal.

De esa manera caminaba Medardo por las calles de la ciudad del Adelantado, es decir, en "camisa" y con su inseparable sombrero, eso sí.

Medardo era un hombre de baja estatura, nacido en una aldea del municipio de Manto, en Olancho.

Él se vanagloriaba diciendo que era "mantuano" y su figura, muy humilde, a veces no daba señales de ser la dueña de semejante cerebro, pues pocos hondureños han tenido la capacidad intelectual de él.

Así humilde, a veces mal vestido, con camisas de manta y pantalones de dril, el ilustre "perseguido" pasaba directamente frente a sus sabuesos captores, quienes jamás imaginaban que aquel hombre humilde era el temido "comunista" que ellos buscaban, hasta con lupa.

Cansados de buscarlo en vano, se rindieron y dieron el reporte a Tegucigalpa, hasta que de aquí enviaron otros policías que posiblemente lo conocían, porque estos sí fueron solo al mandado.

Sorpresa grande fue para los que por cerca de un mes lo acechaban, sin saber que diariamente pasaba por sus propias narices sin conocerlo o sospechar siquiera que él era Medardo Mejía, a criterio de las autoridades militares de aquellos días, uno de los más peligrosos delincuentes que había en Honduras.

Medardo, a estas alturas, ha sido consagrado, ya juzgado por la historia, como uno de los hondureños más insignes que ha parido la patria.

Su memoria, sus escritos, sus obras, son evocadas a cada instante por todos los sectores de las ciencias en Honduras.

CUANDO MICRÓFONO ABIERTO EN RADIO CENTRO NOS DESTAPAMOS CON MAIRENA TERCERO

Napoleón Mairena Tercero ha pasado a la historia del radioperiodismo como uno de los hombres más completos en esta materia. Con razón Herman Allan Padget, otro destacado hombre de radio de nuestro país, en cierta ocasión, refiriéndose a Mairena Tercero, dijo que al único colega en su campo, al cual le rendía el sombrero, era a él.

Pues bien, en la cima de la popularidad profesional radiofónica, allá por el año de 1973, precisamente el día 13 de septiembre de ese año, fecha en que Augusto Pinochet derrocó el gobierno socialista de Salvador Allende en Chile, hacíamos comentarios extramicrófono, supuestamente, pues era el momento en que el "operador", Oscar Iglesias, ahora todo un señor abogado de los Tribunales de Justicia de la República, se ponía a hacer el "cambio", de las 6:30 a.m. en el radioperiódico "Reloj Informativo Radio Centro", que gozaba de excepcional popularidad.

Como el "cambio" era extenso, duraba aproximadamente 7 minutos, aprovechábamos ese intervalo para conversar de todo un poco. Esa mañana, con Tomás Vindel Saca, que era el otro de la "tripleta" diabólica, como nos decían por lo incisivo de los comentarios que por aquel entonces externábamos, nos pusimos a hablar de la homosexualidad de algunos personajes influyentes de la comunidad capitalina, personajes encasillados en la administración pública, organismos internacionales y la llamada alta sociedad de Tegucigalpa, micrófono abierto, sin saberlo.

Enorme fue la sorpresa, cuando al rato comenzaron a timbrar los teléfonos de Emisoras Unidas —que ya existía tal empresa, dedicada a la explotación de la industria radiofónica nacional— preguntando qué estaba pasando en Radio Centro, en donde los locutores se estaban desbocando, hablando "pestes" de la gente.

Ven, amigos lectores, a no ser por la noticia de la "caída" de Allende, que ocupó la atención del mundo entero, es muy posible que Mairena, Vindel y yo hubiéramos ido a dar con nuestros huesos a la cárcel y difícilmente abogado alguno nos hubiera defendido, pues la causa estaba perdida.

Creo que por eso mis dos amigos y colegas, Mairena y Vindel, optaron por buscar la carrera del Derecho; ahora ambos son licenciados con carné para litigar en los tribunales de la República.

LOS CIEN LEMPIRAS DE TOÑITA VELÁSQUEZ

En Tegucigalpa hubo una mujer excepcionalmente querida por sus virtudes y dotes de bondad de que hacía gala a cada instante de su vida.

Perteneciente al Partido Liberal de Honduras, Toñita, como cariñosamente le llamaban sus amigos y correligionarios, ocupó durante el gobierno del doctor Ramón Villeda Morales el alto cargo de "Embajadora Itinerante", con facultades para supervisar la labor diplomática de todos los agentes que Honduras tenía asignados alrededor del mundo.

Posteriormente fue diputada al Congreso Nacional, por Francisco Morazán.

Llena de vida, la muerte la sorprendió, en medio del dolor de sus miles de amigos y correligionarios del Partido del emblema rojo-blanco-rojo.

Resulta que unos días antes de su sensible fallecimiento, quien escribe le había solicitado un préstamo de Lps. 100.00 para completar el pago de algunos compromisos de por entonces.

Como a las 5:00 a.m. de un día cualquiera de finales de la década de los años 60, el doctor Manuel "Mayo" Carrasco Elorés llegó a nuestra residencia de la 4a. Avenida de Comayagüela, a darnos la infausta noticia de la muerte de Toñita.

Es lógica la reacción de dolor ante semejante noticia, pero de inmediato vino a la mente la imagen del billete de a Lps. 100.00 que ella quiso entregarme días antes y que por temor a gastarlos inadecuadamente le dije que me los tuviera para enseguida.

La moraleja es: NO DEJES PARA MAÑANA LO QUE PUEDAS HACER HOY.

UNA MUERTE DOLOROSA Y UNA
EXTRAORDINARIA DESPEDIDA

Aquí, por respeto a la memoria de esta "santa" mujer que murió como una heroína, voy a suprimir su nombre verdadero. Y naturalmente porque indisolubles lazos de amor filial nos ligaban con ella, su esposo e hijos.

Resulta que con el fallecimiento de su adorado esposo, ella no resistió la fuerza de semejante impacto y el golpe le pegó directamente en el cerebro, por lo que hubo necesidad de ponerla bajo estricto tratamiento médico.

Una mañana cualquiera del año 1967, cuando mis dos pequeñas hijas Daysi y Ana regresaban de sus clases de la Escuela de Ensayos "Dionisio de Herrera", de Comayagüela, se encontraron con la dolorosa noticia de que había sucedido una desgracia en el interior de la casa, por lo que despavoridamente salieron corriendo rumbo a la otra casa en donde vivían con su señora madre.

La señora del relato, víctima de sus nervios, había tratado de suicidarse, por lo que el escándalo cundía en el vecindario. De inmediato fue conducida al hospital La Policlínica, en donde expiró días después.

Lo maravilloso, extraordinario e increíble de este relato es que todavía por aquellos días los cuerpos sin vida eran conducidos a su última morada en ataúdes que dolientes y amigos cargaban en hombros rumbo al Cementerio General.

En la vieja casa de Comayagüela, sobre la que tenemos tantos y tantos recuerdos, los viejecitos dueños de la misma, don Chayo y doña Clarita (Q.E.P.D.), tenían entre otros animales domésticos una gran cantidad de palomas de Castilla, las que eran alimentadas todos los días por los que vivíamos en dicha casa, entre quienes figuraba, lógico, la señora de este relato.

Al pasar frente a donde por años funcionó la Farmacia "Comayagüela", del doctor José León Reyes Ramírez, fabricante —dicho sea de paso— de la famosa pastilla "Neuralgina", las palomas sobrevolaron el ataúd que contenía los restos mortales de esta "santa" mujer que tuvo una muerte muy dolorosa.

A no ser porque la procesión fúnebre iba muy concurrida, con aproximadamente 250 personas que vieron aquel espectáculo inigualable, cualquiera creería que esta narración es producto de la imaginación. Pero no.

Otros dicen que este suceso demostró a todos que la presencia de Dios se manifestó en toda su plenitud, en señal de perdón, pues esta noble e inolvidable señora fue una mujer cuyo único pecado fue el haber sido una abnegada esposa, una incomparable madre y una amiga entrañable.

Las palomas, en número como de 150, le dieron el postrer adiós, en señal de duelo y con su vuelo se llevaron su espíritu a las posesiones del Señor..., allá en lo ignoto.

En ese ir y venir pasó sus últimos días esta pobre mujer que falleció en medio del dolor y la congoja de sus apesadumbrados clientes.

LA LORA DE "MAMÁ" BACHA

Durante años existió en Comayagüela un expendio de aguardiente conocido popularmente como el "estanco" de "Mamá" Bacha.

Su ubicación estaba estratégicamente colocada a inmediaciones del Mercado "San Isidro", por lo que la clientela era excepcionalmente calificada.

"Mamá" Bacha, que no tuvo hijos y vivía sola, llegó con su negocio a una avanzada edad, hasta que la muerte la sorprendió.

Producto de la venta de "guaro", logró amasar una regular fortuna, que, dicho sea de paso, heredó a un conocido abogado, que posteriormente falleció después de haber sido objeto de otras herencias que lo hicieron un hombre pudiente.

Pues bien, "Mamá" Bacha tenía en su casa algunos animales domésticos, entre los que figuraba una lorita muy hablantina que era su adoración y por la que era capaz de dar su vida.

Los bolos (ebrios consuetudinarios), que conocían esta debilidad de la anciana, a menudo se la robaban en el menor descuido y posteriormente regresaban, tal vez a la media hora, con el conque de que se la habían quitado a determinado compañero de "farra", y naturalmente, ella, agradecida, les daba algún dinero y el inefable trago para la "goma".

EL DOCTOR GÁLVEZ Y SUS OCURRENCIAS

Corría el año 39 del presente siglo. A inmediaciones de lo que ahora es el Hotel "Prado", durante la administración del licenciado Tiburcio Carías, ese sector de la capital fue objeto de remodelación, mediante la aplicación de un total adoquinamiento.

En la mera esquina del entonces Hotel "Ritz", propiedad de un ciudadano de origen asiático, estaba el doctor Juan Manuel Gálvez, a la sazón ministro de Guerra, Marina y Aviación, acompañado del ingeniero Abraham Williams Calderón, el perito mercantil Julio Lozano Díaz y don Miguel Brooks, acaudalado hombre de negocios, muy amigo de aquellos relevantes políticos de la época.

Por la acera del Concejo del Distrito Central, en la propia esquina de un viejo caserón que albergó, entre otros, a los institutos "Martínez Fuentes" y "San Francisco", venía muy campante nuestro particular amigo Cornelio Ordóñez, entonces empleado de la Dirección de Correos, hombre que por aquellos días estaba en la flor de la vida. Al verlo, el doctor Gálvez lo llamó y le dijo: "Cornelio, andá donde el doctor Ramírez y decile que te venda dos lempiras de 'Pitoritina'", extendiéndole de inmediato un billete de a cinco lempiras para que cumpliera con el encargo.

Cornelio, muy obediente, entró a la Farmacia Ramírez que estaba en la esquina del viejo caserón y le pidió al boticario que le vendiera lo solicitado por Gálvez. El doctor Ramírez era un poco sordo y le rogó que le gritara, a lo que este (Cornelio) accedió, recibiendo ipso facto un fuerte latigazo en su espalda, pues estaba distraído y, sin sospechar que se trataba de una broma, jamás esperó semejante reacción del farmacéutico.

Resulta que en la vieja Tegucigalpa de comienzos y todavía a mitad de este siglo, a nadie se le conocía por sus nombres verdaderos y al doctor José María Ramírez, propietario de la botica de referencia en Tegucigalpa, se le conocía como "Pitoreta", sobrenombre que no le agradaba, por lo que el pobre Cornelio sufrió las consecuencias de la cólera del doctor Ramírez, mientras Gálvez y sus acompañantes se desternillaban de risa.

El doctor Ramírez era el abuelo paterno de quien esto escribe.

ENTREVISTAS Y REPORTAJES

"SOY FELIZ... ME SIENTO REALIZADO"

Por JORGE SIERRA/Editor PROCESO DIGITAL

Con una mente fotográfica y plena lucidez, don Mario Hernán comenzó el relato de sus maravillosas historias en conversación vía ZOOM. Se subió al barco de la historia y navegó uno por uno de los retazos de su vida.

Portando un sombrerito e inclinando su cabeza, el entrevistado se acomodó para responder cada una de las interrogantes. Atrás de sus lentes sus ojos se confundían con el reflejo, pero don Mario comenzaba con la cátedra de lo que han sido sus vivencias.

Modesto, dijo que la cantidad más grande que ha tenido en sus manos son 50 mil lempiras, además nunca tuvo carro y la casa que tiene la compró mediante el Instituto Nacional de Jubilaciones y Pensiones de los Empleados Públicos (Injupemp).

Mario Hernán Ramírez vino al mundo un 5 de marzo de 1934 —hace 86 años—, y se ha destacado por ser un comunicador apasionado.

Historiador, poeta, escritor y periodista, inició su carrera en 1952 como un locutor comercial en Radio Comayagüela, ahí dio sus primeros pasos en el mundo de las comunicaciones. También se destacó en radio Centro.

Casado con Elsa Ramírez, procreó 11 hijos —seis varones y cinco mujeres—, todos casados: Daysi Alejandrina, Ana Cristina, Mario Hernán, Juan Fernando, Olga Antonieta, Luz Aída, Luis Carlos, José Francisco, Francisco Alberto, Iris Gabriela y Mario Fernando.n

Contó que su compañera de hogar —también licenciada en periodismo— es su brazo derecho y con quien convive a diario. "Sin ella no sería nada, me auxilia y es un verdadero sostén", dijo.

En mayo de 2019 se presentó el libro "Memorias de un periodista", escrito por su esposa Elsa Ramírez. Aquí se ilustra el perfil de un ciudadano que, desde la trinchera propia de sus oficios, se esforzó por hacer un aporte positivo a la sociedad.

En otro apartado de la entrevista, Ramírez señaló que "tengo una bisnieta que de repente me hará tatarabuelo porque tiene 18 años, pero me siento realizado. Soy un hombre feliz, a pesar de los sinsabores de la vida propios del ser humano".

Los domingos le publican sus columnas en el diario La Tribuna, espacio que ha ocupado en los últimos 40 años.

Escritor de más de una decena de libros, asegura que su obra cumbre es "Gargantas de oro de la radiodifusión hondureña". Para editar este libro tuvo que obtener un préstamo con don Jorge Bueso Arias en banco de Occidente.

Con una dilatada carrera en la radio, televisión y diarios impresos del país, recordó con admiración a compañeros de pluma y micrófono de la catadura de Víctor Cáceres Lara, Eliseo Pérez Cadalso, José María Espinoza, Gerardo Alfredo Medrano, Hermán Allan Padgett, José Francisco Morales, Antonio Mazariegos, entre muchos más.

conocido como un "Viejo Lobo del Periodismo", rememoró que de su generación dorada aún queda Nahúm Valladares.

Mencionó, entre otros grandes comunicadores con los que trabajó, a: Rodrigo Wong Arévalo y Adán Elvir Flores, ambos "cipotones" en comparación con él, calificó.

Ha tenido la oportunidad de viajar por tres continentes: América, Europa y Asia, donde ha dejado la huella de su calidad humana, pero dice que no cambia a su querida Comayagüela.

COMAYAGÜELA DE SUS ENTRAÑAS

El escritor no quiso pasar desapercibido su amor por Comayagüela y más aún por su querido barrio Sipile, terruño de otros destacados como Armando Cerrato Cortés, Alfredo Hoffman Reyes, Antonio Mazariegos, Armando Velásquez Cerrato, Juan de Dios Gutiérrez Aguilera, entre otros. Sin embargo, hubo otros como Hermán Allan Padgett, Guillermo Pagán Solórzano y Francisco Flores Paz que radicaron en este mítico suburbio capitalino.

"De Comayagüela me apasiona toda su historia, he absorbido muchos libros que hablan de ella y eso me ha valido para tenerle tanto amor a mi tierra, a la cuna donde sembré mi ombligo", reseñó con nostalgia.

Su incursión en el campo literario lo hace figurar como uno de "Los 13 Locos del Guanacaste". Ahí lo acompañaron Eliseo Pérez Cadalso, Antonio Osorio Orellana, Agustín Córdova Rodríguez, Dionisio Ramos Bejarano, Héctor Elvir Fortín, Raúl Lanza

Valeriano, Marcial Cerrato Sandoval, Marco Rolando San Martín, Juan Domingo Torres Barnica, Elpidio Acosta Navarro, Daniel Vásquez y Magda Argentina Erazo.

Mencionó que todos los sábados se reunían "Los 13 Locos" en El Guanacaste en Tegucigalpa, liderados por Eliseo Pérez Cadalso (QDDG).

Acreditó a ese grupo de 13 soñadores la estatua del escritor Juan Ramón Molina que está ubicada en el parque La Libertad de Comayagüela. "A puro trabajo personal de cada uno de los 13 y sin ayuda del gobierno logramos que Mario Zamora Alcantara hiciera la escultura en México y la enviara por barco. La obra costó un poco más de un millón de lempiras", citó.

Don Mario Hernán Ramírez se ubica en la corriente molinista (seguidor de Juan Ramón Molina) y recordó que en la imprenta Alin Color, propiedad de Hermán Allan Padgett, se editaron cinco mil ejemplares del libro "Vida y Obra de Juan Ramón Molina" contentiva de tres grandes aportes: 'Tierras, Mares y Cielos', 'Lo que dijo don Fausto' y 'El habitante de la Osa'.

Don Mario Hernán tiene entre sus producciones editoriales "Calendas I", "Calendas II", "Calendas III", "Calendas IV", "Calendas V", "Por el mundo infantil", "Escrutando el firmamento", "Don Pepe Barroso un inmigrante cubano con éxito en Honduras", "El sabor de la pobreza", "Datos biográficos de la abogada y periodista Magda Argentina Erazo Galo", "Un poeta y 13 locos", "Biografía del periodista Raúl Lanza Valeriano y "0801-Ciudad de Arcángel".

Reveló tener material para publicar tres zagas más de Calendas. "Espero que Dios me dé vida para publicarlos", añoró.

MOLINEANO DE CEPA

Don Mario Hernán se jacta de haber manejado por 20 años el movimiento Molineano en Honduras y actualmente es su vicepresidente vitalicio.

El movimiento Molineano lo dirigió en su momento Rolando Kattán —comisionado del Registro Nacional de las Personas— y quien recién ganó el Premio Casa de América de Poesía Americana tras competir con 190 escritores de Latinoamérica.

Recordó que Juan Ramón Molina murió a los 33 años y lo calificó de un hombre genial, bien parecido, hijo de padre español y madre mestiza.

Contó que existen cuatro monumentos en honor a Molina: León, Nicaragua; San Salvador, El Salvador; Guatemala, Guatemala; y en Tegucigalpa, Honduras.

El entrevistado quiere extenderse cuando habla de Molina e insiste "era genial y bohemio".

¿Qué pasó con pensión de don Mario?

El escritor Ramírez describió que hace unos años se aprobó una moción en el Congreso Nacional para otorgarle una pensión vitalicia, sin embargo hasta el día de hoy no ha recibido un solo centavo.

Considerado uno de los fundadores del Colegio de Periodistas de Honduras (CPH), refirió que ha ganado todo tipo de premios en el premios, pero nunca ha podido obtener el que otorga el ente gremial.

"No puedo ser inmodesto en decir que no merezco ese premio (Álvaro Contreras), me han propuesto tres veces.

Manifestó que tiene 68 años de profesión, con 13 libros escritos y cuatro más en preparación, escenario que lo convierten en más que merecedor de ganar el máximo galardón de los periodistas.

En la actualidad don Mario vive con una pensión de siete mil lempiras que le otorga el Instituto de Jubilaciones y Pensiones, algo que consideró "pírrico". Además el Instituto de Previsión del Periodismo le concede tres mil lempiras.

Relató que con 10 mil lempiras no se vive en Honduras, sin embargo su esposa es jubilada en el Banco Centroamericano de Integración Económica (BCIE).

DECEPCIONADO DEL PARTIDO LIBERAL

Ramírez fue miembro activo del Partido Liberal, donde ocupó altos cargos como secretario del Consejo Central Ejecutivo (CCEPL), pero dijo sentirse decepcionado porque lo han desamparado.

"Cuando Patricia Rodas Baca fue presidenta del CCEPL me honró con el premio Mario Hernán Ramírez en 2007. Ahí me dieron 50 mil lempiras; además me dieron una medalla de oro y un pergamino", recordó.

El dinero lo usó para pagarle una deuda a un prestamista que le cobraba altos intereses. Considera que esta es la mayor cantidad en efectivo que tuvo en sus manos.

A renglón seguido, apoyándonos en el título de uno de sus libros —El sabor de la pobreza—, le consultamos a qué ha sabido la pobreza en su vida, el entrevistado respondió: "en Honduras el arte y cultura no tienen ningún valor o no halan votos a ningún político, entonces mis libros ahí están para quien lo quiera leer".

Mario Hernán Ramírez no ocultó que se siente satisfecho cuando lo llaman "Viejo Lobo del Periodismo" y aunque es historiador, poeta y escritor, prefiere que lo nombren como profesional del periodismo.

El paso de los años le ha dejado secuelas en la vista y el oído, asimismo el entrevistado recordó que hace 14 años fue víctima de un derrame cerebral, pero su mente y corazón se mantienen intactos. "No he perdido la lucidez y eso me da la capacidad de conversar", dijo en tono orgulloso.

"Me jacto de algo y ese es mi consejo a la juventud; en primer lugar, cuando pude leí hasta saciarme, leía hasta siete horas diarias. Eso me ayudó mucho, la cultura general. Lean, prepárense y sean honestos", recomendó.

Remató despidiéndose parafraseando a Víctor Hugo: "Aunque la piel se arrugue, pero si el corazón y la mente se mantienen jóvenes, no envejece el hombre y morirá joven. Soy feliz, aún con los avatares de la vida, soy realizado y feliz porque Dios me dio más de lo que merezco".

Así es don Mario. No se cansa de escribir, el periodismo es su vida, siempre da gracias a Dios y no oculta su felicidad, pese a las vicisitudes de la vida.

"TODO PERIODISTA DEBE DEJAR HUELLA PARA LAS NUEVAS GENERACIONES"

Por SARA CARRANZA/DIARIO EL HERALDO

Como periodista fue destacado por su labor en los medios de comunicación, pero como escritor quiere permanecer entre las nuevas generaciones.

Mario Hernán Ramírez, parte de una generación de periodistas autodidactas de los años 50 y amante de la lectura, sabe que trascender por ello es una tarea difícil en una sociedad inmersa en las nuevas tecnologías.

Pese a esa realidad, considera que "todo periodista debe dejar algo, una huella para las nuevas generaciones. Se pueden escribir un millón de artículos en los periódicos, pero si no dejas un libro, al solo morir tu nombre, desaparece".

Con su mente muy lúcida, a sus 83 años de edad, en entrevista con EL HERALDO relata su historia en el periodismo, la cual se remonta al año 1952.

Se desempeñó en el área de las relaciones públicas y ejerció el periodismo escrito en la mayoría de rotativos que se han fundado en el país. Desde El Cronista, fundado en 1913, Diario El Pueblo, Correo del Norte, La Prensa y EL HERALDO, este último el de más reciente fundación en la era moderna.

Indica que fue uno de los primeros reporteros fundadores de EL HERALDO, que estaban bajo la dirección del periodista Francisco Morales.

También incursionó en la televisión y en la radio, entre ellas, Radio Comayagüela y HRN.

Es de los pocos periodistas hondureños que fueron testigo de los grandes acontecimientos que han marcado la historia nacional desde los tiempos del general Tiburcio Carías Andino, quien se perpetuó en el poder por 16 años. Parte de esas vivencias están plasmadas en sus 11 libros, entre ellos "Calendas", "Un poeta y 13 locos", "Don Pepe" y "Gargantas de oro".

Actuó en dos películas y también fue parte de los fundadores de la Asociación de Prensa Hondureña (APH) y el Colegio de Periodistas de Honduras (CPH).

De su generación se pueden mencionar a Napoleón Mairena Tercero, Nahún Valladares y Gabriel García Ardón, quien falleció recién el viernes pasado.

SATISFACCIÓN

Al entrar en la sala de su vivienda se puede observar decenas de reconocimientos por motivo de su labor periodística. Don Mario tiene todos los galardones que se otorgan a un comunicador en el país, excepto el Álvaro Contreras, el cual dice que "lo sigo esperando".

Se considera un hombre pobre en riqueza material, pues no acumuló riquezas, tampoco pudo comprar carro, según comenta.

Únicamente compró su vivienda y formó a sus 11 hijos, cuatro de ellos procreados con su actual esposa Elsa, también periodista.

"No dejo herencias económicas, pero sí les dejó una gran herencia que es la dignidad", expresó Ramírez, quien también es un apasionado por la vida y obras del poeta Juan Ramón Molina.

Pese a estar perdiendo su vista, este periodista de generaciones mantiene el entusiasmo y se califica como "un hombre muy feliz".

GÁLVEZ: MUJERIEGO Y BROMISTA

Por ÓSCAR FLORES L./Editor COLECCIÓN ERANDIQUE

Era un hombre elegante, con el carisma suficiente para llevar a la cama a cualquier mujer. Vestía impecablemente, y sus trajes no tenían una arruga. Alto, la espalda erguida y el habano en la boca.

A la seducción se le sumaba el poder: primero como ministro de Guerra, Marina y Aviación; después como presidente de la República, cargo al que llegó en elecciones fraudulentas, según las acusaciones de la época.

Para don Mario Hernán Ramírez, no hay en la historia de Honduras un mandatario que le gane en infidelidades conyugales al doctor Juan Manuel Gálvez.

"Definitivamente, Gálvez es el presidente más mujeriego que ha tenido el país", dice don Mario. Con una carcajada agrega: "Le disparaba a todo lo que anduviera en faldas".

Don Mario también describe a Gálvez (presidente del país entre 1949 y 1954) como "campechano, carismático, platicador, bromista, popular y bondadoso".

A Gálvez lo llamaban "el presidente en mangas de camisa", porque se quitaba el saco cuando llegaba a su despacho.

LA MASACRE DE 1944

Una de las manchas de Gálvez —continúa diciendo don Mario— es que la masacre del 6 de julio de 1944 en San Pedro Sula ocurrió cuando él era el ministro de Guerra, Marina y Aviación de Tiburcio Carías Andino.

Y aquí se origina una anécdota.

El poeta Claudio Barrera criticó duramente a Gálvez con un artículo que tituló "A las 4 de la tarde corrió la sangre el 6 de julio del 44".

A Gálvez, era de esperarse, no le gustó lo que leyó. Unos años después, Barrera y Gálvez (ya era presidente del país), se encontraron en el centro de Tegucigalpa. Al poeta lo mataba una goma apocalíptica.

—Doctor Gálvez, ando una resaca terrible. Siento que me muero. ¿Me da cinco lempiras para quitármela?

—Sí, claro —respondió Gálvez—, llegate a mi oficina a las cuatro de la tarde. ¿Oíste? A las cuatro de la tarde.

"Obviamente, Barrera entendió el mensaje y no llegó. Gálvez le dijo a las cuatro de la tarde en alusión a aquel durísimo artículo", relata don Mario.

Según cuenta don Mario, Gálvez siempre andaba un rollo de billetes de cinco lempiras. Cada persona que se le acercaba recibía sus pesitos, un apretón de manos y una sonrisa.

"Otro apodo de Gálvez era el de 'Juan Charrasqueado', una canción de un mexicano que era valiente y muy dado al amor".

SIN GUARDAESPALDAS

Aunque era presidente, Gálvez caminaba de su vivienda hasta casa presidencial, únicamente acompañado del famoso "Chorchita Planas", cachureco y olimpista a morir. No andaba guardaespaldas.

Gálvez vivía contiguo al Hotel Lincoln, hoy convertido en Hotel Plaza. De allí caminaba con porte de Don Juan, y no parecía el presidente de una república bananera, sino una estrella de cine.

Don Mario da a conocer otra faceta poco conocida del presidente nacionalista: su afición por los juegos de azar.

"Le encantaba jugar a la ruleta en el Hotel Ritz (donde posteriormente fue el Hotel Prado). Tampoco faltaba a la feria de Comayagüela, rodeado de pueblo, con su inseparable habano, apostando, siempre de buen humor, aunque perdiera".

Para finalizar, una anécdota que involucra al farmacéutico José María Ramírez, abuelo de don Mario.

—Gálvez estaba con Julio Lozano, el general Abraham Williams Calderón y Miguel Brooks, dueño del Hotel Lincoln, en la acera, fumando puros. En eso apareció Cornelio, uno de los carteros de la ciudad —cuenta don Mario.

—Cornelio, haceme un favor —dijo Gálvez.

—Con todo gusto, doctor Gálvez, ¿en qué le puedo servir? —respondió Cornelio, mientras ponía sobre el suelo el costal de cartas.

—Andá a la Farmacia Ramírez y comprame cinco lempiras de "pitorictina", por favor.

El cartero cruzó la calle y entró a la Farmacia Ramírez. "Don José, ¿me vende cinco lempiras de 'pitorictina'?", pidió Cornelio.

Mi abuelo —relata don Mario—, era medio sordo y le pidió a Cornelio que hablara alto y claro. "Cinco lempiras de ´pitorictina´, don José".

El boticario se agachó detrás del mostrador y gritó: "Aquí te tengo tu ´pitorictina´, desgraciado", y descargó un chilillo sobre la espalda del infeliz cartero.

"Cornelio salió corriendo de la farmacia de mi abuelo, y Gálvez y sus amigos se cagaban de la risa", dice don Mario.

"A mi abuelo le decían "Pitoreta", y eso lo mataba de la ira. Gálvez le hizo la broma a Cornelio y el pobre cayó por inocente... o por bruto, y fue cachimbeada la que recibió, ja, ja, ja".

Don Mario también se caga de la risa.

EL TRÁGICO VIAJE DE CLAUDIO BARRERA A ESPAÑA

Por ÓSCAR FLORES L. /Editor COLECCIÓN ERANDIQUE

"Buena suerte, Claudio", le dijo don Mario Hernán Ramírez a Claudio Barrera en los pasillos de la vieja Casa Presidencial, sin imaginar que sería la última vez que vería con vida al poeta. Se despidieron con un fuerte apretón de manos. Ambos sonrieron.

Yo, sembrador de ideas.
Tú, sembrador de trigo.
Tendamos nuestras manos al pobre que es amigo.
Busquemos el abrigo de todas nuestras penas
en un inmenso abrazo.

Con la misma facilidad con la que componía versos perfectos, como esos del poema "Doble canción", Claudio Barrera se volaba una botella de alcohol.

Letras y guaro, soledad y amigos, teclas de máquina de escribir, mesa de cantina, alma colorida de La Ceiba, nostalgia gris de la capital.

"Era un hombre simpatiquísimo, amigo de todo el mundo. Una fiesta. Platicador como pocos", me cuenta don Mario.

Claudio Barrera fue "la mamá de los pollitos" de la generación del 35, un parto cósmico que llenó de luces aquellos oscuros días de la dictadura del general Carías Andino.

Son palabras mayores, pues a esa generación pertenecen pesos pesados de las letras hondureñas: Daniel Laínez, Clementina Suárez, Jacobo Cárcamo, Argentina Díaz Lozano, Marcos Carías Reyes, Alejandro Castro hijo y Óscar Castañeda Batres, nombres que escribo con respeto y admiración... ¡Me tiemblan los dedos de la mano!

Juntemos los arados que van de brazo en brazo
con nuestra gran idea que va de mente en mente...

Y así seremos fuertes llamándonos amigos.
Tú, sembrador de trigo, yo, sembrador de ideas.

A Claudio —continúa don Mario—, le gustaba frecuentar dos cantinas en el centro de Tegucigalpa: El Bosque, a la par del Fiallos Soto; y La India, cerca del Midence Soto.

"El otro lugar en el que se le podía encontrar con toda seguridad era en las oficinas de El Cronista, donde escribía piezas de arte. Sin duda, Claudio fue un genio".

El Bosque era el centro de reunión de los intelectuales de la época. Allí, las tardes se iban entre versos y copas, y antes de salir de las cantinas, se escuchaba el grito de "¡Abajo la dictadura hijos de la gran...!". Bueno, ustedes ya saben el calibre de la palabra...

Don Mario me recuerda que el verdadero nombre de Claudio Barrera era Vicente Alemán. "La familia Alemán estuvo marcada por la poesía, pero también por la tragedia. Hubo suicidios y muertes por alcoholismo", dice don Mario.

Juntemos nuestras penas para aterrar verdugos.
Tú que amasas la carne de todos mis mendrugos,
en pago quiero darte la lumbre en tu camino:
los dos somos muy fuertes,
pero somos cobardes con un mismo destino.
Te vas para España, joder
Vamos a dar un pequeño brinco en la historia.

Carías Andino ha muerto, y el nuevo presidente es otro nacionalista: Ramón Ernesto Cruz. Es el año de 1971.

"Monchito nombró como secretario privado a Raúl Barnica López, dueño de un periódico llamado El Impacto.

Entonces, Raúl me dejó como director de El Impacto con un salario mensual de mil lempiras. Yo me cagaba de la risa", relata don Mario. Cada tarde, don Mario Hernán Ramírez llegaba a Casa Presidencial a rendirle un informe a Raúl Barnica López.

"Un día, mientras esperaba a que Raulito me atendiera, llegó Claudio Barrera. Monchito —don Mario se refiere al presidente— lo acababa de nombrar agregado cultural en España.

Nos pusimos a platicar animadamente. Así estuvimos hasta que entró el abogado Miguel Alvarado Ordóñez, uno de los amigos más cercanos del presidente, nos saludó y le dijo a Claudio: 'Te felicito por el nombramiento. Qué buena decisión la de Ramón. Sos un diamante en bruto, pero en España te vas a pulir y vas a brillar aún más'".

Empecemos la lucha.
Yo levanto las teas.
Tú levanta los brazos.
Abrazos en las masas
de todos los trigales
y todas las ideas.

" A Claudio lo mató el alcohol —dice don Mario—. Antes de su viaje, Alejandro Valladares, otro empedernido bebedor, le dijo: 'No jodás, allá en España te vas a dar gusto tomando manzanilla'".

"Alejandro vivió mucho tiempo en España y allá se hizo adicto a la manzanilla, pero no a la manzanilla que usamos en Honduras para los malestares estomacales, sino al alcohol, al que usan tradicionalmente para hacer vino".

Don Mario hace una pausa.

"Lamentablemente, Claudio agarró pata en España con la tal manzanilla y murió en Madrid el 14 de noviembre de 1971. No pasaron ni seis meses cuando regresó a Honduras… pero en un ataúd. Tenía 59 años. ¡Qué triste fin el del poeta!'".

Cambiarás tus arados por gritos de protesta
y habrá fiesta en la Tierra, en el mar y en el cielo
cuando miren que todos nos sentimos amigos,
y entonces, con las manos, unidas, como hermanos,
alzaremos las teas...

Yo con la fuerza enorme de todas mis ideas.
Tú con la verde espiga cortada de tus trigos.

PRIMERA LEYENDA NEGRA DEL FÚTBOL HODUREÑO

Por ÓSCAR FLORES L. /Editor COLECCIÓN ERANDIQUE

"Negro hermoso, ¿para dónde vas vestido así de elegante, de saco y corbatín? Hoy no es día de fiesta, y a la misa del domingo tampoco te dirigís, ya lo sé.

Dudo mucho que sea el amor de una mujer el que te llama, porque no te queda tiempo para eso".

Don Lurio Martínez no me escucha. Antes de doblar por la esquina, se agacha y sacude el polvo de sus zapatos. Camina orgulloso, la frente en alto, la mirada serena y bondadosa, como la de un abuelo.

Pero don Mario Hernán Ramírez me cuenta que a don Lurio Martínez no se le conoce esposa, ni hijo, mucho menos nietos. Es un ser solitario.

"Su único amor es el Motagua", dice don Mario.

Lurio Martínez llega de la costa norte, no se sabe exactamente de qué aldea, y los capitalinos lo ven al inicio con cierta extrañeza, porque no hay muchos hombres por aquí con el color de su piel.

Con el paso del tiempo lo terminarán respetando y le dirán respetuosamente "don Lurio".

EL PRIMER CLÁSICO

Lurio Martínez es uno de los fundadores del Motagua, el equipo del pueblo, y ya por el mes de marzo de 1929, un martes por la tarde, en La Isla, cancha de polvo sagrado, se enfrenta por primera vez al Olimpia.

Saltan a la cancha Valladares, El Diablo; Juan Ferrera; Berríos, Pata de Cuche; Gómez, Momito; Raudales, El Seco; Zúniga, El Pichete; Basilio Kafati; Marco Antonio Ponce; Gálvez, alias Tatino. Fúnez, conocido con el mareante apodo de Gaurito. Y claro, Lurio Martínez.

Motagua gana 2 a 1.

Juega varios años con Motagua —su puesto estaba en la mediacancha—, pero cuando el cuerpo ya no le da para más, se hace entrenador. Es uno de los primeros grandes formadores en la historia del "jútbol" hondureño.

"Lurio Martínez se distingue por su forma de vestir, siempre de corbatín, bien tirado, como decimos popularmente. Educado, respetuoso, buen conversador. Que yo sepa, nada de vicios. Un hombre de fútbol", me dice don Mario.

Lurio Martínez es una celebridad, conocido por todos, especialmente en Comayagüela. Vive en el hotel Adela, allí en la cuarta avenida, segunda calle, a una cuadra del Mercado San Isidro —cuenta don Mario Hernán Ramírez.

La dueña del hotel se llama Adela, una señora de armas tomar.

¿QUÉ FUE DE ÉL?

Lurio Martínez, ya como entrenador, pule a grandes cracks de la talla de Joyo Chele Barahona y a Majoncho Sosa. También es el pionero del fútbol femenino, algo que llega a escandalizar a la machista sociedad capitalina.

"Es común verlo saliendo del hotel Adela para dirigirse a entrenar. Renquea de una pierna", relata don Mario Hernán Ramírez.

Mi amigo no sabe detalles biográficos de Lurio Martínez. "No sé dónde nació ni la fecha… Calculo que en los primeros años del siglo pasado. Cada vez que nos encontramos nos saludamos y platicamos con respeto. Fallece ya anciano, en la década del sesenta.", dice don Mario.

Muere convertido en la primera gran leyenda negra del deporte hondureño. Lo veo pasar por la acera, le pregunto para dónde va. Don Lurio Martínez no me responde. No importa. Lo adivino: va a encontrarse con su viejo amor, el Motagua.

ARROZ Y FRIJOLES Y CACHIMBEADAS EN LA ESCUELA VOCACIONAL DEL GENERAL CARÍAS

Por ÓSCAR FLORES L./Editor COLECCIÓN ERANDIQUE

Como un tenor antes de la ópera, don Mario Hernán Ramírez afina la garganta. Con una sonrisa me deja claro que está de buen ánimo para hablar largo y tendido. No son cuerdas vocales las que tiene, sino un cañón antiaéreo.

Con un chasquido de la imaginación, desaparece el hombre de lentes gruesos, pelo gris y porte elegante, y ahora, en uno de los sillones de su casa está sentado él, pero de niño, de doce años, uniforme militar, birrete, zapatos lustrados.

Estamos en 1946. En el interior de la Penitenciaría Nacional funciona la Escuela Vocacional Técnico Militar "Marcos Carías Reyes", a donde ha llegado Marito de la mano de su madre. Aquí van a dar todos los cipotes mal portados de Tegucigalpa y de otros lados del país.

"Es lo mejor para usted, mijo… Dejará de andar en la calle y se formará como una persona de bien", escuchará antes de comenzar una etapa que, setenta y cinco años más tarde, aún le provoca escalofríos.

—Yo era un vago. Me escapaba de la escuela para irme a bañar a las pozas del río Choluteca. Así que mi santa madre tomó la mejor decisión y me metió en la correccional —recuerda don Mario Hernán.

—Sí, fue acertado. Allí me enderezaron. En aquellos años, hasta una mala mirada en el aula era severamente castigada por los maestros— le responde Marito el de doce años.

—Ni lo quiera Dios. Eran unas cachimbeadas terribles. Dependiendo de la falta, le caían doscientas culucas con los brazos en alto sosteniendo un fusil. O si no, latigazos en la espalda o lo mandaban a la galera, un cuartito oscuro en el que uno pasaba horas y horas de pie —relata don Mario Hernán.

—¿Ajá, y qué me decís del castigo de la escoria? —le dice Marito el de doce años.

—¿Qué era la escoria, don Mario? —le pregunto.

La escoria, el peor de los castigos

Los niños y adolescentes internados en la Escuela Vocacional recibían distintos talleres, entre ellos, mecánica, zapatería, sastrería, carpintería, herrería. Las sobras del hierro servían para castigar a los alumnos mal portados.

"A ese castigo le llamaban la escoria. A uno lo hincaban sobre pedazos pequeños y medianos de hierro, siempre con los brazos en alto, sosteniendo dos fusiles. ¡Qué dolor!".

"Y no solo el dolor —interviene Marito—. Las rodillas quedaban sangrando. Y a aquel que ponía la queja a los papás le iba peor. La mejor decisión… ¡No decir nada!".

Pero los domingos, con dolor o sin dolor, era día de visitas familiares y de baile. También había marimba, conciertos de piano. ¡Y sopa de mondongo!

En una de esas visitas, uno de los encargados de la disciplina (les llamaban verdugos), el subteniente Lalo, se enamoró de Margarita, una de las hermanas de Mario Hernán Ramírez.

"Uy, eso me salvó. A partir de ese día, Lalo comenzó a protegerme y ya nadie se metía conmigo. Y hasta me daba la comida de los oficiales", se ríe.

"A los alumnos solo nos daban arroz y frijoles y una taza de café —interrumpe Marito. Aparece y desaparece de la conversación a su antojo–. Pero con Lalo subí de rango y en mi dieta había carne de res, de pollo o de cerdo, huevo…".

Don Mario Hernán Ramírez sonríe: "Es cierto".

UN HORARIO MATADOR

El horario era agotador. 5:00 de la mañana, a bañarse. Desayuno a las 6:00. Las clases iniciaban a las 7:00. De 9:00 a 12:00, talleres. Luego el almuerzo. De 1:30 a 4:00 de la tarde, instrucción militar. ¡Firrrrmessss! Dos horas más de clases y la cena puntual a las 6:00 de la tarde; a las 7:00 de la noche, a dormir.

"En la Escuela Vocacional estudiaron el general Juan Alberto Melgar Castro, el papá del actual alcalde de San Pedro Sula, tres de los mejores barberos que tuvo Honduras y varios coroneles", dice don Mario.

En 1949, con quince años encima, el rango de cabo y una voz que lo convertiría en una leyenda del periodismo hondureño, Mario

Hernán Ramírez cruzó por última vez la puerta de la Escuela Vocacional Técnico Militar "Marcos Carías Reyes".

Estamos en 2021.

A Marito se le nota el orgullo que le provoca verse convertido siete décadas más tarde en un hombre hecho y derecho con un código de ética a prueba de balas. El niño, con el chasquido de la imaginación, desaparece.

Don Mario carraspea. Aclara la voz. "¿Le entramos a otra historia?", le pregunto. "¡Le entramos!", me responde.

ODILÓN RENDEROS, EL DOCTOR DE LOS POBRES DE COMAYAGÜELA

Por ÓSCAR FLORES L./Editor COLECCIÓN ERANDIQUE

En mis manos tengo una receta del doctor Odilón Renderos con fecha del 14 de octubre de 1934. Letra de carta, escrita con la rapidez de quien es esperado por otros pacientes.

La persona a la que le extendió la receta estaba enferma de las vías respiratorias y de gastritis, según se deduce de los medicamentos que le recomendó comprar, como creosotal, jarabe de polígala, poción gomosa y otros dos que no logro descifrar.

Abajo, una recomendación: "En su nueva consulta, sírvase presentarme esta receta".

Sin embargo, no todos podían pagar aquellos cincuenta centavos —me cuenta don Mario Hernán Ramírez, el laureado periodista y archivo viviente con domicilio en la colonia San Ángel, a la orilla del bulevar—. Entonces, el doctor Renderos no les cobraba.

Otros pacientes, en lugar de los cincuenta centavos, le daban una gallina, huevos, frijoles, azúcar; y él se los aceptaba.

Por esa razón, a Renderos se le conocía como el "doctor del corazón de oro" y "el médico de los pobres de Comayagüela".

Nunca hizo fortuna, pero se ganó fama de santo.

"El doctor Odilón Renderos era mi padrino. Todos los días me regalaba un marquesote riquísimo, de pura mantequilla, y diez centavos. Su consultorio quedaba en la cuarta avenida entre la quinta y sexta calle, cerca de la iglesia Inmaculada Concepción", recuerda don Mario.

Aunque han pasado más de siete décadas, don Mario aún siente en el paladar la delicia del marquesote que su padrino le regalaba cada mañana.

SU FUNERAL

Trigueño, de mediana estatura, regordete y un bigote corto y ralo, cuando terminaba de atender pacientes se colocaba su sombrero y salía a la calle, donde era saludado como lo que era: una celebridad.

Hasta que llegó la tragedia...

Una mañana de 1942, Mario Hernán Ramírez, en ese entonces de ocho años, se enteró de que el hombre que le regalaba un marquesote y diez centavos cada día, acababa de fallecer.

"¿Te diste cuenta? Murió el doctor Renderos", escuchó decir. "Sí, qué tristeza... Deja un vacío enorme".

Al doctor Renderos lo mató una neumonía.

"Ha sido uno de los funerales más concurridos en la historia de Honduras. Tres cuadras hasta el tope de gente sencilla que lloraba el fallecimiento del doctor Renderos. La procesión pasó por la Calle Real y concluyó en el Cementerio General".

Don Mario hace un alto en su relato. El recuerdo de la muerte de su padrino lo conmueve.

Era bondadoso, solidario desprendido, nacido para servir al prójimo, dice.

Murió joven, no llegaba ni a los cincuenta, me cuenta don Mario.

La ciudad comenzó a llorar de dolor, con dificultades para respirar. Necesitaba un calmante, pero para desgracia suya, el doctor que curaba todos sus males ya no estaba para extenderle una receta como la que en este momento tengo en mis manos...

"EN TEGUS VIVIÓ HERMAN BOCK, CORONEL DE LA GESTAPO DE HITLER"

Por ÓSCAR FLORES L./Editor COLECCIÓN ERANDIQUE

"Era un chele tremenda pipa, de brazos musculosos y un pecho fuerte. Calculo que medía por lo menos 1.90 de estatura".

Don Mario Hernán Ramírez suelta una carcajada. Ochenta y siete años de vida le han quitado algunas cosas, pero no la belleza de su voz ni el buen humor.

El chele al que se refiere es Herman Bock, un alemán que conoció en 1982, el año en que Roberto Suazo Córdova asumió la presidencia de Honduras y los ingleses formaban largas filas en Londres para ver el estreno de la película The Wall de la banda Pink Floyd, y "Pecho de Águila" Zelaya vencía a Arconada en el mismísimo Mundial de España.

Cuando don Mario llegó al Ministerio de Cultura como jefe de Relaciones Públicas, Bock ya estaba allí como consultor. Se hicieron amigos.

"Herman Bock estaba extasiado con las ruinas de una civilización antigua en La Mosquitia. 'Marrrrrio Herrrrnán, eso es una joya, un tesoro, una maravilla', me decía. Se trataba de la Ciudad Blanca", cuenta el legendario periodista y escritor.

Antes de llegar a Honduras, Herman Bock estuvo en Argentina, Venezuela y Costa Rica.

"Aquí en Tegucigalpa vivía en el barrio La Leona", relata don Mario.

Y agrega: "A pesar de que era muy reservado, Herman Bock me aseguró que había sido coronel de la Gestapo de Adolfo Hitler. No me dio detalles, por supuesto".

—¿En la Gestapo? —le preguntó don Mario.

—Sí, Marrrrio Herrrrrrrnán, contestó el alemán. Bock arrastraba la erre y hacía un sonido parecido al de las metralletas que disparó en la Segunda Guerra Mundial.

—¿De la Gestapo, don Mario? —le pregunto yo.

—Así es, mi querido Oscarito... Nada menos que la policía secreta de Hitler.

—¿Y le preguntó qué hizo durante la guerra?

—Nunca, nunca... Aunque no descarto que Herman Bock hubiera asesinado judíos.

En Honduras, sin embargo, Herman Bock vivía una rutina simple: de la casa al trabajo, y del trabajo a la casa. No bebía alcohol. Tampoco fumaba.

Y SE MARCHÓ...

Una tarde Herman Bock dejó el Ministerio de Cultura y se marchó a Belice.

Don Mario relata que "la bulla es que allá tenía una gran cuenta en dólares".

O se trataba de un rumor o malgastó el dinero, pues Herman Bock falleció en la miseria.

"Lo último que supe es que falleció en el suelo de una sala del Hospital Escuela... Si la memoria no me falla, fue en 1990", cuenta don Mario.

El año en que Chile le dijo "No" a la dictadura de Pinochet, doña Violeta Chamorro les pegó una patada en el trasero a los comandantes sandinistas y Buster Douglas noqueaba a Mike Tyson.

Lastimosamente, don Mario no recuerda el mes en que Herman Bock falleció, por lo que nunca sabremos si el coronel de la Gestapo presenció dos grandes acontecimientos que involucraron a Alemania en 1990: la caída del muro de Berlín y el triunfo de Die Mannschaft (el equipo), en el Mundial de Italia.

Si Herman Bock vio a Lothar Matthäus levantar la copa, seguro se fue de este mundo con una sonrisa, porque con el título de campeón en el bolsillo, cualquiera muere feliz...

"TODO LO QUE SOY SE LO DEBO AL PERIODISMO"

Por BLANCA MORENO/LA TRIBUNA

Hombre humilde y perseverante, logró combinar su carrera vocacional de periodista con la de policía —por accidente—, experiencia que le dejó muchas anécdotas enriquecedoras en una época en la que los cronistas fueron protagonistas y también escribieron y narraron con ingenio la historia de Honduras.

Se trata de don Mario Hernán Ramírez, quien a sus 76 años sigue ejerciendo la noble profesión del periodismo, a su manera. Por fin verá plasmada su carrera iniciada hace 58 años, cuando entró tímidamente a la vieja Radio Comayagüela. Compartió micrófonos con grandes de la radiodifusión: el talentoso autodidacta Herman Allan Padgett; Efraín Gonzales, quien soñaba con ser militar; Honorio Claros Fortín; Jorge Figueroa Rush; Hiran Claros Álvarez; León Paredes Lardizábal, entre otras glorias.

—¿Cómo llega a ser locutor?

La Radio Comayagüela quedaba exactamente a media cuadra de mi casa. Todos los días pasaba por la radioemisora y miraba entrar estudiantes del Central y algunos universitarios. Suspiraba y me decía: "¡Qué lindo es ser locutor!". Uno ya lo trae, porque cuando era cipote en la casa me decían "Tronadera", porque siempre he tenido ese tono de voz. Un día me armé de valor y entré donde Beto —el fundador de la radio, que en paz descanse— y le dije:

—Fíjese que a mí me gusta la radio.

Y me respondió:

—Andá que te prueben allá arriba.

Había un señor que le decían Piche, y aquel me llevó al estudio. Me puso a leer un periódico y me dijo:

—No tenés madera.

—¿Se amilanó?

Salí todo deschavetado y me dice Beto:

—¿Qué tal te fue con la prueba?

—Dice Efraín que no doy bola —le contesté.

Pero él me dijo:

—¡Pero yo sí creo que das! Venite.

Entonces me llevó al estudio, me puso a leer lo mismo, agarré valor y él me dijo: "Lo que te hace falta es práctica". Y por ahí empezó mi carrera, un 13 de abril de 1952.

Allí estuve hasta cuando Manuel Villeda Toledo fundó Radio Centro, se hizo un reclutamiento de locutores desde HRN. Se llevó a muchos compañeros, y a Toyita Carías, que sigue siendo su secretaria.

En 1960 me mandaron a Radio Norte como director de prensa, que ya había hecho las paces con Ferrari y fundaron lo que hoy es Emisoras Unidas.

—¿Cómo le fue en San Pedro Sula?

¡Nunca en mi vida he ganado tanto dinero! Tenía un sueldazo y don Manuel me daba la oportunidad de anunciar muertos:

—"Cobrás 10 lempiras por cada mención, y ese es tuyo", me dijo. Y eso mismo le dijo a Efraín Zúniga Chacón. Entonces salían hasta 15 menciones, y 150 lempiras era un dineral.

Ahí apareció Rolando Ramos, que había hecho una trastada en Tegucigalpa y se fue huyendo. Luego llegó Pedro Panameño como "Norteñito Regalón". Él y Zúniga Chacón —que en paz descanse—, también eran bolos, yo igual bebía, y con aquel dinero nos íbamos a tomar. A los diez meses me entró y me regresé.

—¿Y se vino para la capital?

Sí, a trabajar al Correo del Norte con Juan Ramón Ardón, Roberto Soto Robelo, Roberto Díaz Lechuga y Juan Ramón Moreno Cruz. En San Pedro Sula, el periódico lo dirigía Dionisio Romero Narváez, el papá de Iván Romero.

—¿Siempre trabajó en periodismo?

Hay un pasaje de mi vida que poco me gusta, pero eso es parte de mi historia. Era el tiempo de la Guardia Civil, cuando ocurrió lo de Los Laureles en 1961. Telmo Fálope era el jefe del departamento de Delitos en la Policía de Seguridad y renunció en protesta por lo que pasó en Los Laureles. Entonces me llamó Marcelino Ponce y como yo cubría la Guardia Civil porque me quedaba enfrente de la casa, me dijo:

—Mario, hay una vacante en Delitos contra las Personas y la Seguridad.

Le respondí:

—Pero no soy policía.

Me mandaron a preparar y acepté porque ganaba porque ganaba como 250 lempiras y allí eran 800 lemipiras.

De pronto andaba empistolado y fui a Panamá, Washington y Colombia haciendo cursos rápidos de policía. Estuve allí hasta el día del golpe, el 3 de octubre de 1963.

—¿Qué experiencia tuvo en esos dos años como policía?

Recuerdo que Amílcar Santamaría en ese tiempo tiraba a la izquierda, siempre andaba de tenis y jeans, y llegaba a la oficina y gritaba:

—¡¿Qué dicen los esbirros?!

Yo les decía a mis subalternos que era bromista, porque lo querían meter preso. El hijo de don Alejandro Valadares llegó bolo con la misma indirecta, y a él sí lo metieron preso.

—¿Se vio obligado a aprehender a algún colega?

No. Arturo Sagastume decía que yo lo había mandado a capturar, pero no es cierto. Mairena Tercero era acérrimo enemigo de Villeda Morales, pero más que de Villeda, lo era de Modesto Rodas y de Andrés Alvarado Puerto. Todos los días le volaba penca en Radio Centro con Paquito Morales, que era el asistente.

Una vez Andrés llegó bolo con unos 50 simpatizantes decidido a matar a Mairena. Fueron a buscarlo, porque sabían que entraba a las 6 de la mañana.

El doctor Villeda se enteró y me llamó a las 4:30 de la madrugada. Suena el teléfono, me despierto y escucho:

—Te habla el Presidente de la República.

—¡No jodás! —le dije—. ¡Dejate de papadas!

Pero no era broma, era el Presidente Ramón Villeda Morales.

—¿Y qué le dijo?

Le pedí disculpas. Me dijo: "Conseguite de 25 a 30 de los mejores agentes que tengas, y te vas por allí por el colegio María

Auxiliadora, porque anda Andrés con unos simpatizantes y quieren dañar a Mairena".

Entonces me vestí a la carrera. La cosa era de vida o muerte. Llegué a HRN, que quedaba por ahí cerca, también y me encontré con Telmo Fiallos y le digo:

—Fijate que a Andrés no lo hemos podido convencer, y quiere fregar a "Sapo León". Y entonces le digo: "¿Te imaginás el escándalo? ¡Andrés, el canciller de la República! ¿Y el desprestigio? ¿Cómo va a quedar el gobierno de Villeda Morales ante el mundo?

—¿Logró convencerlo entonces?

El canciller Alvarado Puerto estaba molesto:

—¡Es que ese sapo maldito hijo de la gran p...! —dijo la palabrota. Y le respondí:

—No es el momento. Mire, yo ando aquí como con 40 elementos y estamos dispuestos a actuar, porque tenemos instrucciones del Presidente.

Y entonces me dice:

—¡Este Moncho...! —y comenzó a despotricar contra el Presidente. Sacó una .45 e hizo varios disparos al aire, pero ya unos habían entrado a la emisora y tenían acorralado a Paquito Morales, que estaba verde cuando llegué y entré a la cabina.

—Imagínese un incidente así, con funcionarios y antiguos colegas...

Bien difícil. Y después trabajé con Mairena 21 años en Radio Centro. Un gran periodista. Me reintegré en 1970, porque antes estuve en La Prensa, El Pueblo y El Cronista.

Trabajé con Ramón Amaya Amador, ¡imagínese!, y con Ventura Ramos. Después de Radio Centro pasé al noticiario matutino dominical con Rodolfo Brevé Martínez y con Gustavo Acosta Mejía también. El programa solo duraba una hora.

—Usted es un hombre del Partido Liberal, ¿cómo ha combinado la política con el periodismo?

He hecho relaciones públicas en el Ministerio de Cultura y Turismo, en el SANAA y en Soptravi, que antes era SECOPT. En la televisión estuve con Vicente Machado. Todo lo que soy, se lo debo al periodismo, definitivamente.

—¿Ha tenido sinsabores?

Raramente. En tiempos de Julio Lozano, estábamos en Radio Comayagüela y nos sitiaron como tres veces. Fue una cosa terrible.

Durante la guerra con El Salvador, a Paquito Morales y a mí nos llevaron presos. Teníamos Gaceta Informativa en HRN, y dimos la noticia de que altos oficiales de la Fuerza Aérea Hondureña andaban en Europa buscando armas. Esa información nos la filtró un militar, pero le cayó mal al alto mando.

El mayor Edmundo Galo Berríos —que terminó muerto ahí por Miraflores, era jefe del G1 o G2, algo así, y nos fue a apresar. Pero Paco era muy amigo de Ricardo Zúniga y nos sacó. Eso fue como a las tres de la mañana. Nosotros estábamos "plin plin".

—¿Hay diferencia entre el periodismo de antes y el de ahora?

Veo una diferencia enorme. Lo nuestro era de sacrificio. Era andar con la libreta y el lápiz. Algunos aprendimos taquigrafía, precisamente para poder defendernos. Después salieron las famosas grabadoras, y ahora es lindo ser periodista.

A uno le exigían 8 o 10 noticias con aquellos periódicos grandotes... eran "tamagases". Ahora las noticias son rápidas, a menos que sean reportajes. Aprendí con Vicente Machado, porque Tele Rápidas, como su nombre lo indica, eran noticias de 2 a 3 líneas. Ahí aprendí a resumir. Antes uno trabajaba por vocación. Nunca he tenido carro, pero ando con mi conciencia tranquila. A mí nadie me señala. Desgraciadamente, el gremio ha caído en esa tragedia del soborno, la "movida". Eso no va con nosotros.

—Antes no había asesinatos de comunicadores...

Es que no andaban metidos en nada.

—¿Qué opina de la situación actual del periodismo, con tanta inseguridad?

Me parece que es producto del modernismo. Antes, los que medio ganaban bien se compraban un buen reloj de puño, pero era porque tenían dinero. Solo había tres marcas: Bulova, Omega y Hamilton, que venían de Suiza. Ahora los hacen en Taiwán.

El carro era un lujo. Ahora lo usan por necesidad. El bus valía 10 centavos. Yo andaba a pie, incluso mi familia vivía en La

Plazuela y yo en Comayagüela, y me iba sin problema. Ahora las distancias son enormes... y la inseguridad también.

—¿Qué hace ahora don Mario, con 76 años de edad?

Estoy jubilado con una pírrica pensión que nos da el INJUPEMP. Es vergonzoso: me dan 1,400 lempiras. Entonces tengo que seguir trabajando.

Hacemos un programa en Radio Comayagüela que tiene treinta y cuatro años, de 8 a 9 de la mañana. Se llama Mensajero Informativo, y ese es mi machete. Y tengo a esta mujer que Dios me puso en mi camino, y me enamoré de ella. Sino, a saber qué sería de mí —(mira con mucho amor a doña Elsa)—. He sufrido las siete plagas de Egipto, y ella siempre está a mi lado. Ahora estoy quedando ciego.

—¿Pero todavía lee?

Tengo un quince por ciento de visión. Pero imagínese, ahora estoy terminando de elaborar un libro con la Editorial Iberoamericana de Óscar Acosta.

—Háblenos de la trama del libro...

Es sobre locución. Hay otros libros de connotados locutores, pero el mío, Gargantas de oro, es diferente. Son perfiles radiofónicos. Empiezo con Brevé Martínez y Cristina Rubio, que son los decanos a nivel centroamericano. No hay quien los supere. También está la vida y fotografías de Herman Allan Padgett.

Y cuento la casualidad de tres personajes que salieron de Radio Comayagüela y han sido ministros de Cultura: Efraín González, Herman Allan Padgett y Arturo Rendón.

—¿Cuándo presentará el libro?

No me imaginé que me lo iban a entregar tan temprano: el 30 de abril. Son 500 libros. Estamos trabajando con el Banco Centroamericano de Integración Económica para presentarlo en el auditorio el 11 de junio.

—¿Es tan caro editar un libro?

Nos cuesta ciento sesenta mil lempiras la edición. Un ingeniero yerno mío, que afortunadamente un día me vio llorando por la noche —porque fui, toqué puertas y nadie me respondía— me llamó y me dijo: "¡Deje de estar bramando! Aquí hay dinero para poder arrancar".

A las nueve de la mañana estaba entregando el dinero.

EN BLANCO Y NEGRO

Religión: Católica

Color: Verde

Equipo: Olimpia

Comida: Las sopas de todo tipo y los espaguetis

Refrescos: Horchata y nance

Canción: La flor de la canela, Palomas Mensajeras y Sombras nada más

Cantante: Julio Iglesias

Película: Lo que el viento se llevó

Actor: Arturo de Córdoba

Actriz: Elsa Aguirre

Libros: El hombre mediocre y Hacia una moral sin dogmas

Escritor: José Ingenieros

Periodista: Adán Elvir Flores

Personaje: Jesucristo

Presidentes: Juan Manuel Gálvez y Ramón Villeda Morales

Primera Dama: Alejandrina Bermúdez de Villeda Morales

Se define como: Un hombre perseverante, honesto, franco, amigo con los amigos hasta la muerte, luchador y sin temores, solo a Dios.

Pasatiempos: Leer, escribir y amar con intensidad

Afición: Viajar…

Mi amor: El recuerdo de mi madre, mis hijos y mi esposa.

Amigo: De la verdad y felizmente de muchos hombres y mujeres de enorme valor moral.

MEMORIAS DE UN PERIODISTA

PRÓLOGO

Escribir nuestra historia, es algo así como estampar un retrato hablado de mi propia imagen; no es tarea fácil, por cuanto a lo largo de 85 años ha corrido mucha agua bajo los puentes de Tegucigalpa, la ciudad cuna que me vio nacer, crecer y envejecer.

Esto significa la bicoca de cerca de cuarenta mil días aproximadamente, como quien dice una larga cadena de ir y venir, o mejor dicho de transitar por este valle que algunos llaman de lágrimas.

La verdad es que muchas personas pasan por el mundo, pero el mundo no pasa por ellas, porque no dejan huella o no hacen honor al principio aquél de que —hay que dejar un hijo, sembrar un árbol y escribir un libro—, labor que no está destinada a todos los seres humanos, ya que cada quien desde que nace escribe su destino. En consecuencia, hablar de uno mismo, o sea redactar su misma historia, es muy difícil, porque a lo largo de ella hay pasajes muy comprometedores que tengo que llevarlos conmigo hasta el sepulcro; así como también episodios de gran relieve, que son otras personas las que deben calificarlos.

Mi esposa Elsa ha querido que le permita escribir mi biografía[1], porque ella ha escrito algo similar para otras personas, lo que la ha motivado a obligarme a hacer lo propio, naturalmente con las reservas del caso, como he señalado líneas arriba, porque explayarse en toda su dimensión es una tarea harto difícil, casi imposible, ya que desde que asomamos al mundo nos convertimos en pecadores. De forma, pues, que dicho lo anterior, a manera de preámbulo, los invitamos muy respetuosamente a escudriñar estas páginas, en las que posiblemente encontrarán algo que pueda servirles de ejemplo, sobre todo a los jóvenes lectores, ávidos de lecturas interesantes, inéditas y de las cuales puedan sacar algún provecho.

---

[1] En esta edición solamente publicamos un extracto de la obra.

PRESENTACIÓN

Ofrecemos, con el debido respeto a nuestros amables lectores, este trabajo que confiamos será del agrado de quienes tengan la oportunidad de ojearlo y absorber su contenido; en el mismo, el lector encontrará algunas páginas amargas de alguien que sufrió en carne propia los sinsabores de la vida, pero que también saboreó la dulce miel del éxito, cuando el corazón y la mente lo condujeron por nuevas rutas, y eso es precisamente lo que Mario Hernán, por fortuna, alcanzó durante la última mitad de un siglo, o sean cincuenta años en los que cambió radicalmente su otrora torcido camino de la desigualdad social, para incorporarse de lleno a los menesteres que identifican a la persona como un ser útil a la sociedad.

De esta clase de personas existe abundante material para escribir cientos de páginas, pero, como lo advertimos anteriormente, hay capítulos que definitivamente, por lo tortuoso de su contenido, jamás podrán ser divulgados por el propio autor de los mismos, o sea el protagonista del drama que nos ocupa.

Mario Hernán ha leído muchos libros de diferente naturaleza, ha visitado innumerables países de tres continentes (Asia, Europa y América); se ha deleitado admirando numerosos filmes del séptimo arte y ha sido el intérprete de muchos acontecimientos que sí vale la pena relatarlos.

En esta obra hemos tratado de consignar los nombres de las amistades, hombres y mujeres que, a lo largo de su existencia, ha logrado cultivar, simiente plantada en terreno fértil, porque vaya suerte la suya: el noventa y nueve punto nueve por ciento de estas personas no le fallaron en ninguno de sus apuros; lejos de eso, lo apoyaron con mayor impulso, y eso le arrancó fuerzas, entusiasmo, energía y mucha fe para seguir adelante, pese a las dolencias propias de su edad, a las cuales, como se dice en el argot popular, "prácticamente no les paró bola", porque a veces no mata la enfermedad sino las preocupaciones y la depresión.

En página especial van los nombres de estas queridas personas, a quienes agradece haberle brindado su amistad y su auxilio cuando lo necesitó.

El primer episodio: El sabor de la pobreza, drama que nos deja ver claramente no solo la existencia de quienes participan como protagonistas del mismo, sino de lo que a diario ocurre en una gran cantidad de hogares de este país, residentes en mesones, cuarterías o simplemente en casas de cartón, a veces protegidas por dos o tres láminas que se encontraron por allí, para salvarse de la lluvia o de los rigores de las noches frías de la temporada gélida de esta parte del continente. Es una narración con ribetes de crueldad, que cala intensamente, porque cada expresión, cada palabra, cada letra está escrita con sangre —sangre de la miseria en que vivimos una gran cantidad de hondureños—. Ese es "el sabor de la pobreza", una de sus principales obras escritas oportunamente.

Pero, Mario Hernán, como señalamos al comienzo, ha sido un apasionado de la lectura, sobre todo de las obras de los más célebres autores del universo, entre quienes ha preferido a José Ingenieros, con El hombre mediocre y Hacia una moral sin dogmas.

Con el permiso de los amables lectores de este trabajo, me permito informarles que se trata de mi primera obra de esta naturaleza, por lo que, si encuentran alguna incongruencia, les ruego disculparla, pues, repito, se trata de mi primer ensayo, ya que tengo en mente, si Dios lo permite, hacer muchos más.

La autora

MADRE, BENDITA SEAS

(Homenaje a su progenitora, Doña Petrona Paula de Jesús Ramírez Romero 1899—1992).

El calor humano se experimenta con más dulzura cuando proviene directamente de la mujer que, desde que vimos la luz del mundo, nos arrolló en sus brazos, nos cobijó en su seno y se entregó de lleno a nuestra propia existencia; tal es el caso de los seres que arribamos a la tierra carentes del amor paterno, que también es parte de ese vínculo indisoluble que se forma entre la madre, el hijo y el padre.

Sin embargo, refiere Mario Hernán que él no supo jamás de una caricia de su progenitor, del cual no guarda absolutamente ningún rencor, porque su madre llegó al extremo de inculcarle mucho respeto y admiración hacia el hombre que le había dado la vida.

En consecuencia, este capítulo extraordinario en su vida es digno del mayor elogio, como para que muchas personas lo tomen como ejemplo, ya que les ha correspondido la misma suerte, pero con diferente brújula y, desde muy tierna edad, guardan en su corazón y en su mente un rencor eterno. Y eso no puede llevarnos a la felicidad a que tenemos derecho y que permanentemente buscamos como un mandato divino los hombres y mujeres que conformamos este planeta.

La madre de Mario Hernán, doña Petrona Paula de Jesús Ramírez Romero, había nacido en 1899 y falleció a la edad de 93 años, lo que le permitió ver y escuchar muchos acontecimientos de alta significación en la historia del país que a ella también la vio nacer.

Doña Petra, como cariñosamente se le conocía, surgió del vientre de su amada madre Encarnación Ramírez, doña Chon o "mamá Chon", la que a su vez asomó a la luz del día en 1860, por lo que ambas eran dueñas de un conocimiento extraordinario sobre los acontecimientos de Honduras, particularmente de Tegucigalpa, la ciudad que les sirvió de cuna a ambas.

Su progenitora —expresa Mario Hernán— hizo sus pinitos en la escuela de la recordada "maistra" Mónica Zelaya, escuela privada en la que aprendieron sus primeras letras también otros reconocidos personajes de la antañona Comayagüela, la siempre heroica, señorial y hospitalaria ciudad de los poetas.

Aquí hacemos un paréntesis para explicar por qué se le llama la ciudad de los poetas. Simple y sencillamente porque Comayagüela fue la cuna de ínclitos varones como Juan Ramón Molina, Luis Andrés Zúñiga, Rómulo Ernesto Durón, Salvador Turcios Ramírez, Alonso Brito, Rafael Heliodoro Valle, los hermanos Miguel e Inés Navarro, Monseñor Ernesto Fiallos (el lirio de Honduras); Guillermo Bustillo Reina, Marco Antonio Ponce, Manuel Ramírez (el atrevido Garzón); Armando Cerrato Valenzuela, Jorge Fidel Durón, Santos Juárez Fiallos, Carlos Roberto Reina, Ángela Valle y otras sobresalientes figuras que mucho lustre le dieron a esta noble ciudad, llena de episodios fascinantes, algunos de los cuales el lector tendrá la oportunidad de encontrar en las páginas de este libro.

Pero estamos hablando de doña Petra, mujer cuyos méritos y virtudes fueron reconocidos en vida por notables hondureños como el abogado René Sagastume Samayoa; el historiador Salvador Turcios Ramírez; de igual título, Rómulo Ernesto Durón; el poeta laureado Luis Andrés Zúñiga y, más acá en el tiempo, por el maestro y escritor Marco Rolando San Martín. Todos ellos dieron cuenta de la extraordinaria presencia de esta honorable señora a su paso por la vida.

Continúa relatando Mario Hernán que doña Petra, siendo muy joven, realizó con su adorada madre y su recordado hermano Carlos, dos viajes a pie a la Costa Norte del país, llegando hasta el Puerto de Tela y la aldea de Cangélica, comunidad entonces en plena prosperidad, dada la presencia de las compañías bananeras norteamericanas que habían sentado sus reales en esa región de nuestro país y en la que residía una hermana de su madre llamada doña María, la que a su vez contrajo nupcias con el caballero Francisco Fiallos —"don Pancho", así conocido por sus familiares y amistades—, con quien logró amasar una buena fortuna que los llevó a poseer una de las fincas más grandes de aquellos tiempos, en la que abundaban toda clase de animales como el ganado vacuno, caballar y porcino, centenares de aves de corral, perros y gatos que hacían las delicias de quienes vivían con la familia Fiallos Ramírez.

En ese lugar permaneció doña Petra por espacio de seis meses, hasta que la nostalgia les invadió y decidieron retornar a la

Tegucigalpa de sus amores, no sin antes hacer escala en el largo trayecto, en comunidades como la de los Tolupanes, o sea los Jicaques, residentes en la Montaña de La Flor en el departamento de Francisco Morazán, con quienes compartieron muchos días de feliz convivencia y de los que aprendió mucho de su dialecto y costumbres.

Ya en plena juventud recibió el cariño de la inolvidable "mamá Lola" —doña Dolores Durón de Reyes—, la que la adoptó como una hija, brindándole todas las atenciones y el amor a que se hizo acreedora por su conducta irreprochable, de tal suerte que, cuando doña Lola enviudó, contrajo nupcias de nuevo con el señor Ernesto Fiallos, de quien procreó tres hijos: Conrado, Eduardo y Carmen; de los que doña Petrona se hizo cargo en su condición de niñera, los que andando el tiempo se convirtieron en distinguidas personalidades que mucho honraron a Dios Todopoderoso, a la familia y a la ciudad que los vio nacer.

Enseguida llegaron al mundo los vástagos de doña Tona: María Cristina, Elena Margarita y Mario Hernán, a quienes consagró con todas las fuerzas de su amor y su trabajo, para colocarlos sin el apoyo de su pareja, habiendo recibido ya para entonces una excelente educación autodidáctica, mediante la lectura de las más grandes obras de aquella época, extraídas de la biblioteca del gran patriarca de la historia nacional don Rómulo E. Durón, pariente cercano de "mamá Lola", la cual visitaban frecuentemente en su residencia de la calle real de Comayagüela.

Después se consagró a las labores culinarias, habiendo tenido como "maestras" a las distinguidas damas doña Moncha Fiallos de Ponce y Emelina Carrasco de Zelaya, ambas expertas en este arte, quienes la prepararon a las mil maravillas, de tal forma que ello le sirvió para defenderse decorosamente hasta el final de sus días, de lo cual dan fe numerosas generaciones que saborearon no solo la exquisita comida, de una variedad extraordinaria, independientemente de las sopas que solamente ella sabía cómo preparar, desde el exquisito mondongo hasta la deliciosa sopa de frijoles con pelleja; en cuanto a la dulcería también supo manejarla con delicioso profesionalismo, desde las famosas tablillas y bolitas de chocolate para elaborar las bebidas calientes para las mujeres recién paridas, hasta las sabrosísimas tabletas de piña, coco, naranja, leche con chocolate, membrillo, caramelos y melcochas; en fin, un mar en la gastronomía.

Una mención especial en la vida de esta gran señora es su paso por los billares "Petete", en donde laboró arduamente por muchos años al lado de su buena amiga doña Josefina Barahona de Soto (La Pochina), quien desde 1940 se trasladó de San Pedro Sula hacia Tegucigalpa para montar su bien acondicionado salón de billares y refresquería anexa, en la que se saboreaban las deliciosas enchiladas hechas de carne molida de cerdo y res, que por la mínima cantidad de diez centavos constituían las delicias de la juventud de aquella época de la aristocrática Tegucigalpa, ya que dicho centro de diversiones era visitado generalmente por estudiantes de media y universitarios, quienes disfrutaron la exquisitez de esas enchiladas que hicieron furor y que las familias capitalinas, cuando tenían alguna fiesta, encargaban hasta quinientas unidades, por lo que había que trabajar día y noche friendo las tortillas, con varias ayudantes de doña Petra, que era la jefa de cocina. Y anexo a las enchiladas se servían vasos de refrescos naturales de nance, mora, tamarindo, guanábana, horchata y otros sabores deliciosos.

Pero, doña Tona también se especializó en la fabricación del rompope, cuya calidad era tan bien balanceada que la duración del mismo alcanzaba la respetable edad de cinco años, herencia que recibió quien escribe, como un legado de mi recordada suegra. Rompope que alcanzó tal prestigio y fama que lo saborearon personalidades hasta de Estados Unidos y Europa.

Esa fue doña Petrona Paula de Jesús Ramírez Romero, a quien traemos a las páginas de esta obra como un testimonio de gratitud, amor filial y arrepentimiento por los momentos difíciles que le hizo pasar Mario Hernán durante algunas etapas de su vida, sobre todo cuando la bohemia lo envolvió en sus tentáculos.

AMADO HIJO

El día que esté viejo, y ya no sea el mismo, ten paciencia y compréndeme.

Cuando derrame comida sobre mi camisa y olvide cómo atarme mis zapatos, recuerda las horas que pasé enseñándote a hacer las mismas cosas.

Si cuando conversas conmigo, repito y repito las mismas palabras que sabes de sobra cómo terminan, no me interrumpas y escúchame.

Cuando eras pequeño, para que te durmieras tuve que contarte miles de veces el mismo cuento hasta que cerrabas los ojitos.

Cuando estemos reunidos y, sin querer, haga mis necesidades, no te avergüences y compréndeme que no tengo la culpa de ello, pues ya no puedo controlarlas. Piensa cuántas veces, cuando niño, te ayudé y estuve paciente a tu lado esperando a que terminaras lo que estabas haciendo.

No me reproches porque no quiera bañarme; no me regañes por ello. Recuerda los momentos que te perseguí y los mil pretextos que te inventaba para hacerte más agradable tu aseo.

Acéptame y perdóname. Ya que soy el niño ahora.

Cuando me veas inútil e ignorante frente a todas las cosas tecnológicas que ya no podré entender, te suplico que me des todo el tiempo que sea necesario para no lastimarme con tu sonrisa burlona.

Acuérdate que yo fui quien te enseñó tantas cosas. Comer, vestirte y tu educación para enfrentar la vida tan bien como lo haces, son producto de mi esfuerzo y perseverancia por ti.

Cuando en algún tiempo, mientras conversamos, me llegue a olvidar de qué estamos hablando, dame todo el tiempo que sea necesario hasta que yo recuerde, y si no puedo hacerlo, no te burles de mí; tal vez no era importante lo que hablaba y me conforme con que me escuches en ese momento.

Si alguna vez ya no quiero comer, no insistas. Sé cuánto puedo y cuánto no debo. También comprende que, con el tiempo, ya no tengo dientes para morder ni gusto para sentir.

Cuando me fallen mis piernas por estar cansadas para andar, dame tu mano tierna para apoyarme como lo hice yo cuando comenzaste a caminar con tus débiles piernas.

Por último, cuando algún día me oigas decir que ya no quiero vivir y solo quiero morir, no te enfades. Algún día entenderás que esto no tiene que ver con tu cariño o cuánto te amé.

Trata de comprender que ya no vivo, sino que sobrevivo, y eso no es vivir. Siempre quise lo mejor para ti y he preparado los caminos que has debido recorrer.

Piensa entonces que con el paso que me adelanto a dar estaré construyendo para ti otra ruta en otro tiempo, pero siempre contigo.

No te sientas triste o impotente por verme como me ves. Dame tu corazón, compréndeme y apóyame como lo hice cuando empezaste a vivir. De la misma manera como te he acompañado en tu sendero, te ruego me acompañes a terminar el mío.

Dame amor y paciencia, que te devolveré gratitud y sonrisas con el inmenso amor que tengo por ti.

EL SABOR DE LA POBREZA

Finalizando la década de los años 30 del siglo XX, el mundo comenzó a retumbar bajo el estallido de mortíferas bombas y el tracateo de ametralladoras, fusiles y toda clase de armas de asalto, anunciando así el inicio de la II Guerra Mundial en algunos países de Europa; eso contribuyó a aumentar la pobreza y la escasez de todos los elementos vitales para la sobrevivencia del ser humano, sobre todo en los países importadores de los productos fabricados en el viejo continente.

En Tegucigalpa, Honduras, C.A., deambulaba por las calles de esta ciudad un chiquillo de nombre Nancho, tal vez de cuatro o cinco años, en medio de una ciudad apacible, tranquila y sin temores, con una ausencia casi total de vehículos automotores, ya que el transporte terrestre aún se hacía a base de carruajes, carretas de bueyes, o a lomo de mula, por lo que la presencia de los niños de aquella época en las arterias citadinas no era nada peligrosa, pues la delincuencia no asomaba sus garras, sobre todo en estos países pequeños de habla hispana.

Así, doña Petra, madre del pillete de referencia, también era la progenitora de Cristi y de Yita. Doña Petra era madre soltera, por lo que tenía que agenciarse los centavos para su sobrevivencia y la de sus vástagos a base de esfuerzo propio, ora lavando ropa ajena, planchando, cocinando, fabricando toda clase de dulces y otra serie de golosinas del arte culinario, en el cual era experta. Sin embargo, en aquellos lejanos tiempos todo era sumamente barato, incluso los alquileres de las viviendas en los barrios pobres de la ciudad, las cuales constaban en algunos casos de una modesta casa de dos o tres piezas por el pago mensual de cinco y ocho lempiras.

Doña Petra y sus hijos residían a inmediaciones del Mercado San Isidro, de Comayagüela; en sus alrededores funcionaba una panadería (repostería) cuyos propietarios, el pan que se les resquebrajaba y por no regalarlo, lo vendían simbólicamente a precios sumamente bajos, o sea que una bolsa grande de pan quebrado costaba cinco centavos, el cual servía para desayunar ella y dos de sus hijos menores durante una semana, ya que Cristi había sido dada en adopción a un matrimonio sin hijos, con alguna fortuna, lo que contribuyó a que ellos la educaran y tuviera otro sistema de vida; mientras que Yita y Nancho salían a vender tablillas, bolitas de chocolate, tabletas de coco, de naranja, de leche con chocolate, caramelos de mantequilla, de guayaba y otros sabores; de esa manera ayudaban en tan temprana edad al sostenimiento diario del humilde hogar en que residían.

A medida Nancho iba creciendo, buscaba otros quehaceres para ganar un poquito más, siempre por agenciarse una mejor manera de vivir, como por ejemplo: meter leña de roble y de ocote en pulperías y residencias de la ciudad, pues en esa época no existían las estufas de gas, ni las eléctricas; las pocas que había funcionaban a base de leña, directamente traída de los bosques; en las casas más humildes lo que funcionaba eran los llamados fogones de tres, cuatro y hasta cinco hornillas en forma horizontal y algunos hornos de ladrillo, cal y arena, para fabricar lo que por entonces se llamaba mascadura. Por cada carga de leña que Nancho metía de la calle al interior de las casas que le daban ese trabajito, cobraba dos centavos, lo que quiere decir que si metía diez cargas, le pagaban veinte centavos, con los cuales hacía maravillas, pues era el tiempo en que todo se adquiría a precios sumamente bajos, por lo que el dinero rendía copiosamente.

Tuvo oportunidad de ingresar a una de las escuelas públicas de la localidad, cuando la educación primaria era de apenas cinco años, habiendo finalizado este ciclo con notable éxito, pues siempre fue muy aplicado al estudio. Sin embargo, tenía un gran problema, y es que, sin saberlo él ni su señora madre, padecía de la vista —era miope—, lo que le impedía actuar eficientemente como el resto de sus compañeros que no tenían ningún impedimento visual. Ese problema afectó bastante el desenvolvimiento de Nancho en el período de su adolescencia, pues tenía que hacer esfuerzos extraordinarios para poder desarrollar funciones que requerían de una visión normal. Quiso ingresar al ejército y no pudo, precisamente porque al hacerle la prueba que generalmente hacen dentro de los institutos armados, no pasó la misma, por lo que tuvo que buscar otros derroteros, en aras de su superación, que es natural en toda persona que piensa en su futuro.

Volviendo a los personajes centrales de este cuento, que envuelve los nombres de doña Petra, Cristi, Yita y Nancho, es preciso señalar que doña Petra siguió trabajando día y noche para encarar con dignidad el precio del fruto de sus tres hijos, por lo que trabajando con doña Josefina Barahona de Soto "La Pochina", esposa del popular "Petete", que no era más que don José Adolfo Soto, propietarios de un céntrico salón de billares al que diariamente asistían un promedio de ciento cincuenta jóvenes, en su gran mayoría estudiantes universitarios; para atenderlos cabalmente se les ofrecía cotidianamente algunas golosinas o fritangas que hacían la delicia de los muchachos que acudían al billar, golosinas que iban acompañadas de refrescos naturales, de piña, mora, tamarindo, naranja, horchata y otros sabores, que también hacían las delicias de los jugadores.

Doña Petra, generalmente, se acostaba a la una o dos de la madrugada, friendo cantidades enormes de tortillas para las enchiladas o preparando la masa y demás ingredientes para los pastelitos de perro del siguiente día, y muy temprano de ese día, a comenzar la jornada para vender desayunos a cualquier parroquiano que los buscara para iniciar el día; por lo que la cantidad de sueño, para recobrar fuerzas, era de apenas tres o cuatro horas, por lo cual ella devengaba el salario con el cual tenía que pagar una vivienda sumamente humilde e incómoda en uno de los barrios pobres de aquella época, en los que, lo que había por menaje eran dos catres de cabuya, una rústica mesa de madera, dos taburetes, un fogón, dos comales de barro, una jarilla de lata, un colador de café, una piedra para moler, cuatro jarros de arcilla y cuatro platos de porcelana, algunas cucharas y tenedores de plástico, y pare usted de contar, porque no había energía eléctrica y por las noches se iluminaban Yita y Nancho, que eran quienes habitaban esta casa, con candelas, velas o cirios, o a veces con candiles de gas. No existían los servicios sanitarios.

En cuanto a Cristi, hija mayor de doña Petra, a temprana edad encontró apoyo y respaldo en la Mansión Godoy, cuyos propietarios eran personas acaudaladas que, a pesar de haber convivido en matrimonio muchísimos años, no lograron traer al mundo hijos, por lo que Cristi y un morenito llamado Luis, proveniente del Litoral Atlántico de este girón de tierra que pertenece a la América Central, fueron educados; Luis en la Escuela de Artes y Oficios, donde aprendió mucho para su sobrevivencia posterior, y Cristi en el Instituto Central, donde logró adquirir un título de Educación Media, por lo que no sintió los flagelos de la pobreza, que sí vivieron sus hermanos Yita y Nancho.

Pero Yita, ya entrando a la pubertad, logró colocarse en algunas residencias del centro de la ciudad, haciendo trabajos de "china o niñera", labor que compartía con otros menesteres como los mandados propios de su edad en el comercio y otros sitios de visitas forzosas, hasta entrar a la edad propia del matrimonio, con tan buena suerte que encontró la pareja ideal para mejorar sus condiciones de vida, procreando inclusive nueve hijos, de los cuales perdió dos a temprana edad y a su esposo aproximadamente a los veinticinco años de matrimonio, compartiendo su edad madura con el resto de sus vástagos que le dieron una gran cantidad de nietos y hasta biznietos, que la rodearon en la cálida ciudad de Choluteca, lugar de residencia.

Nancho, en cambio, creció y, con la ayuda de su hermana Cristi, finalizó su educación primaria e ingresó a la educación secundaria, habiendo interrumpido sus estudios a la mitad del camino para ingresar a las cabinas radiofónicas de su ciudad natal, con tan buena suerte, que su voz varonil y su cultura general le sirvió de estandarte para colocarse rápidamente en los principales medios de comunicación radiofónica y trabajar como periodista —autodidacta— en los principales periódicos del país, con más de seis décadas de actividad ininterrumpida en este apasionante mundo de la radiodifusión en cualquiera de sus áreas (cine, radio, televisión, etc.).

De esta forma, doña Petra, con los altos y bajos que durante su larga existencia logró sortear, sobrevivió hasta alcanzar la respetable edad de 93 años, suceso que conmovió a una gran parte de la sociedad tegucigalpense, por cuanto ella se prodigó hacia todo el mundo en atenciones y generosidad a cual mejores, lo que le valió el respeto, cariño, admiración y gratitud de una enorme cantidad de gente, que lo demostró el día de su sepelio, ya que la concurrencia a su funeral fue multitudinaria, a pesar de haber sido una señora que jamás acumuló caudales como para creer que por esa razón la habían acompañado en sus exequias tanta gente.

INFORMACIÓN PERSONAL

Mario Hernán Ramírez llegó a este mundo el 5 de marzo de 1934, en la heroica y señorial ciudad de Comayagüela, M.D.C., Honduras, merced a los servicios de una partera o comadrona, como se les llamaba antes, conocida con el nombre de Engracia... Sus padres fueron Petrona Paula de Jesús Ramírez Romero y Fernando Ramírez Díaz.

Sus hermanos: María Cristina y Elena Margarita Ramírez Ramírez por parte de madre, y de padre María Marta del mismo apellido.

Tiene una buena cantidad de nietos y hasta bisnietos que constituyen su orgullo y su alegría de haber vivido y conocido mucha de su descendencia, lo que para él significa seguir viviendo, pues todos llevan su sangre.

Sus estudios primarios los realizó en la década de los años cuarenta del pasado siglo, en la siempre bien amada Escuela Lempira de Comayagüela y en la Escuela Vocacional Marcos Carías Reyes, anexa a la vieja Penitenciaría Central, donde aprendió los oficios de zapatería y carpintería.

Cursó estudios de educación media en los institutos Honduras, de Comercio y Central Vicente Cáceres, de Bachillerato.

Contrajo nupcias el 25 de abril de 1980 con la señora Elsa Ramírez García, con la cual procreó dos hijos: Iris Gabriela y Mario Fernando; pero antes fue padre de Daysi Alejandrina, Ana Cristina, Mario Hernán y Juan Fernando Ramírez Molina; enseguida nació Olga Antonieta Ramírez Castro; después vino al mundo Luz Aída Moncada; naciendo por último Francisco Alberto Bustillo; sin descuidar a Luis Carlos y José Francisco Mejía Ramírez, quienes prácticamente tuvieron como padre a Mario Hernán, pues cayeron en sus manos a muy tierna edad.

De contextura fuerte, piel canela, cabello lacio y cano, ojos grandes, frente ancha, estatura mediana.

Ya en el otoño de su existencia ha sido víctima de una serie de complicaciones en su salud, situación que no ha sido óbice para que él siga adelante con sus propósitos e ideales, metas y objetivos, algunos de los cuales ha coronado con resonante éxito.

En condición de invalidez, pues ha perdido casi totalmente la vista, independientemente de las secuelas que le dejó un derrame cerebral (Accidente Cerebrovascular Isquémico), el que le inmovilizó la parte izquierda de su cuerpo.

A Mario Hernán Ramírez, en el 2017 se le adjudicó el Premio Nacional de Literatura "Ramón Rosa", presea con que la Patria reconoce los méritos de sus más connotadas figuras, en el mundo de la ciencia, el arte y la literatura.

Por una de esas felices coincidencias, en febrero de 2018 cumplió 60 años de haberse afiliado a la benemérita Asociación de Prensa Hondureña (APH).

En ese largo período de seis décadas ha desempeñado todos los cargos que la APH otorga a sus miembros, exceptuando el de Fiscal y Tesorero, pero sí Presidente durante dos períodos: 1988—1992; Vicepresidente en diferentes oportunidades; Secretario en igual forma y Vocal; actualmente miembro del Tribunal de Honor, cargo que también honrosamente ha desempeñado en múltiples oportunidades.

Este hijo ejemplar de Honduras es conocido en el mundo radiofónico y televisivo como un "ícono de los medios de comunicación", pero también sus colegas lo llaman "viejo lobo del periodismo", dada la antigüedad en el ejercicio de esta profesión (66 años). Y quienes lo conocen más a fondo expresan que es "una enciclopedia andante", pues su lucidez extraordinaria lo hace remontarse a más de 80 años, recordando fielmente sucesos de aquella época (herencia maternal).

Aun con los impedimentos físicos sigue colaborando en el influyente diario La Tribuna con sus escritos que aparecen en la columna Enfoques.

LA MEJOR ÉPOCA DE SU VIDA

Cuenta Mario Hernán que la mejor época de su vida fue la de estudiante y los inicios de su carrera profesional como periodista, orientada particularmente a la radiodifusión. Asimismo, recuerda la peor, cuando por algún tiempo cayó en las garras del alcoholismo, situación que felizmente superó hace 49 años, merced a los grupos de "AA".

A Mario Hernán le entristece el dolor ajeno, la impotencia de no poder cooperar con los demás, sobre todo con los inválidos; le alegra la vida sus hijos, sus éxitos y por supuesto la presencia de la mujer amada.

Tiene un profundo sentido del humor, solo llora cuando se despide de algún ser querido; entre otras cosas, recuerda de su infancia a la perrita de nombre Greta, que siempre andaba a su lado, lo cuidaba y lo protegía.

Expresa que las experiencias de su infancia relacionadas con su éxito son, entre otras cosas, haber leído buenos libros, los consejos oportunos de su madre y la presencia en su vida de muchas personas mayores y de intelectualidad comprobada, como Medardo Mejía, Víctor Cáceres Lara, Eliseo Pérez Cadalso, Raúl Lanza Valeriano, Manuel Sevilla Oliva, Alejandro Valladares Bernard, René Sagastume Samayoa, Santos Juárez Fiallos, Antonio Osorio Orellana, Francisco Sánchez Reyes (El indio), Claudio Barrera (Vicente Alemán), Salvador Turcios H., Ramón Amaya Amador, José María Espinoza, Luis B. Orellana Pineda, Héctor (Tito) Aplícano Mendieta, Rafael Pineda Ponce, Longino Becerra y pare usted de contar, porque la lista es enorme; de personas mayores que influyeron mucho en el cultivo de su intelecto.

Mario Hernán se considera un hombre solidario, gremialista, bondadoso, generoso y sobre todo sincero.

Se describe asimismo como una persona de una sola pieza, además de ser impaciente. A sus 86 años cumplidos, un día normal para él puede ser un día sin contratiempos, sin enojos, lleno de sol y de concordia. Ha leído muchísimo, muchísimo, lamentablemente por su situación física, en estos momentos es auxiliado por su hijo menor Mario Fernando, quien a diario gustosamente le lee las principales noticias y comentarios del periódico y, en oportunidades, lo más interesante de algún libro o revista.

A Mario Hernán le gusta permanecer en su casa, cuenta que lucharía y moriría por la integridad y la soberanía nacionales.

Sueña con volver a México y la Argentina, visitar Los Ángeles, Brasil, España, Francia e Italia, Las Cataratas del Niágara y El Peñón de Gibraltar.

Se arrepiente de haber perdido miserablemente parte de su tiempo y su juventud en cosas baladíes.

EN LA APH

A los veinticuatro años hizo su ingreso a la docta Asociación de Prensa Hondureña (APH), entonces presidida por el recordado intelectual Joaquín Mendoza Banegas.

Esa misma noche fue juramentado por el colega Gabriel García Ardón. Después del solemne acto se abrió la sesión, la que inesperadamente se convirtió en una noche borrascosa, terriblemente dolorosa, porque en la misma se escenificaron actos de violencia que quedaron grabados para la eternidad en el pensamiento y el alma de quienes fueron testigos de semejante zaffarancho.

Resulta, que el gobierno del doctor Ramón Villeda Morales había sido instituido el 21 de diciembre de 1957, o sea que para marzo de 1958 habían transcurrido apenas tres meses de su instalación y un grupo de fanáticos nacionalistas afiliados a la APH, entre quienes recuerda a Luis Alfredo Alonso Elvir, Román Zúniga Jiménez, Pituro Sagastume, Rafael Jerez Alvarado, Ángel B. Zepeda, Servio Tulio Mejía, Virgilio Zelaya Rubí y otros destacados miembros del Partido Nacional, mocionaron para que la presidencia de la institución redactara un comunicado condenando la acción del gobierno recién instalado, a lo que Mendoza Banegas se opuso, pues razonó que era demasiado corto el período como para juzgarlo y que había que esperar por lo menos tres meses más, para poder establecer los parámetros en el comienzo de un buen gobierno o mala administración del mismo.

Eso fue suficiente para que alzaran sus voces los mocionantes y comenzara la gritería en señal de protesta contra el periodista Mendoza Banegas, quien de inmediato fue quitado de la mesa presidencial y sacado a empellones de la sede de la institución periodística, no sin antes sacar pistolas a relucir en señal de intimidación para quienes estaban del lado del hasta ese momento rector de los destinos de la APH. Hubo golpes, empujones, patadas y, en fin, "la mar y sus conchas" aquella noche, que marca un hito nada agradable para la historia y la cultura nacionales.

La sesión se disolvió y cada quien tomó su rumbo.

PARTICIPACIÓN EN LA POLÍTICA

Mario Hernán se enroló en la política en 1953, siguiendo la bandera rojo—blanco—rojo del Partido Liberal de Honduras, con el recordado doctor Ramón Villeda Morales a la cabeza. Ha sido miembro activo de la Juventud Liberal, en el Consejo Local de Comayagüela y del Central Ejecutivo como Secretario Adjunto; en los gobiernos liberales de Ramón Villeda Morales, Roberto Suazo Córdoba, José Simón Azcona, Carlos Roberto Reina, Carlos Roberto Flores y Manuel Zelaya Rosales.

La influencia de Mario Hernán Ramírez fue determinante en la escogencia de los candidatos a ocupar la presidencia de la república por el Partido Liberal; como vocero en las principales plantas radiofónicas, transmitiendo los programas propagandísticos del Partido Liberal, teniendo como compañeros de cabina a Rodolfo Brevé Martínez, Roberto Martínez Ordóñez, Moisés de Jesús Ulloa Duarte, Héctor Maradiaga Mendoza, Leticia Raudales y Gloria Díaz.

La lealtad y la disciplina que deben caracterizar a todo elemento afiliado a determinada agrupación política fue lo que le permitió seguir como portavoz de este organismo político, durante más de medio siglo.

Es preciso señalar también que su presencia en las lides políticas se remonta a la maestría de ceremonias en todas las convenciones que el más antiguo partido político de Honduras realizó, desde los años cincuenta hasta que se cambió el sistema de escogencia de los candidatos a la Presidencia del Ejecutivo, Legislativo y Alcaldías Municipales.

El Consejo Central Ejecutivo del Partido Liberal en el 2007, precisamente en el mes consagrado a los periodistas, mayo, instituyó el Premio Nacional de "Periodismo Mario Hernán Ramírez", mismo que según decreto de este alto cuerpo político sería entregado anualmente a los mejores periodistas militantes de ese histórico partido, situación que se cristalizó al siguiente año, 2008, al otorgárselo a la licenciada Gloria Ludivina Díaz Acosta en honor a sus relevantes servicios prestados a la institución del gonfalón rojo—blanco—rojo.

Lamentablemente, al siguiente año no se pudo continuar con este mandato del Central Ejecutivo, por cuanto las FFAA rompieron el orden constitucional y el señor Presidente de la República, don Manuel Zelaya Rosales, fue depuesto del alto cargo que ostentaba democráticamente, lo que trastornó toda la actividad política, económica, cultural y social del país, hundiéndolo en una anarquía que duró muchos meses, por cuanto Honduras fue aislada del resto de las naciones amigas por acuerdo de la ONU y la OEA.

Esta presea fue creada durante la gestión política de la doctora Patricia Isabel Rodas Baca, en su calidad de Presidenta del organismo político tantas veces mencionado, premiación que fue membretada con el nombre del homenajeado "Mario Hernán Ramírez", la cual consistió en una ceremonia muy especial en un hotel capitalino, a la que asistieron la mayor parte de los periodistas de Tegucigalpa, ya que la misma consistía en un exquisito almuerzo, un diploma de honor al mérito, medalla de oro de reconocimiento y cincuenta mil lempiras en efectivo, evento que se repitió de igual forma el siguiente año.

MIEMBOR FUNDADOR DEL COLEGIO DE PERIODISTAS DE HONDURAS (CPH)

El Colegio de Periodistas de Honduras (CPH) certificó que Mario Hernán Ramírez cumplió todos los requisitos en los artículos 3, 5 y 55 de la ley orgánica vigente y prestó correspondiente juramento de honor en Asamblea General de la organización.

Por tanto, el CPH, debidamente facultado para ello por el Decreto número 759, emitido por la Honorable Junta Militar de Gobierno de Honduras, en Consejo de Ministros, el 25 de mayo de 1979, lo acreditó como periodista profesional y lo autorizó para ejercer la profesión del periodismo de conformidad con dicha ley. Y para que pueda disfrutar de todos los derechos y cumplir todos los deberes consagrados en la ley orgánica, el CPH le extendió certificado en la ciudad de Tegucigalpa, Distrito Central, a los veintidós días del mes de septiembre de mil novecientos setenta y nueve.

El Colegio de Periodistas de Honduras (CPH) le confirió la calidad de miembro fundador por su participación en la histórica Primera Asamblea Ordinaria del CPH celebrada el día sábado 18 de agosto de 1979. Tegucigalpa, D.C., septiembre 22 de 1979. Firman: Gerardo Alfredo Medrano, presidente, y Freddy Cuevas Bustillo, secretario.

INCURSIONÓ EN PRENSA ESCRITA, RADIO, TELEVISIÓN Y CINE

Mario Hernán, por algún tiempo, penetró en la TV y por cerca de 30 años laboró en dependencias gubernamentales y privadas en el campo de la publicidad y las relaciones públicas.

Dictó conferencias en diferentes estrados y fue objeto de múltiples reconocimientos a nivel de gremio, estatal y de la empresa privada, que reconocen así su larga trayectoria a través de los diferentes medios en que ha laborado.

Recibió honrosamente muchos reconocimientos de varias organizaciones e instituciones culturales del extranjero, lo que fortaleció mucho más su bagaje intelectual.

Participó en foros, conferencias y congresos vinculados a la radiodifusión, nacional e internacional.

Ha tenido la oportunidad de visitar numerosos países de América, Europa y Asia, siempre en asuntos relacionados con su actividad periodística—radiofónica, figurando en Honduras dentro del círculo de los comunicadores de mayor antigüedad.

Por vocación natural, Mario Hernán continúa emborronando cuartillas tanto para la prensa como para revistas impresas y digitales, ya que él cree que, como los músicos y los poetas, este asunto termina cuando se extingue la vida del protagonista.

Delegado en representación de Honduras a diferentes cónclaves internacionales

Delegado por Honduras a la 1ª Reunión de periodistas latinoamericanos al Congreso por la Paz Mundial, celebrado en Taipéi, República de China (Taiwán), del 10 al 28 de enero de 1988.

A la 4ª Feria Internacional del Libro, celebrada en Miami, del 6 al 16 de noviembre de 1987, invitado por el alcalde de Miami.

Al 1º Festival continental denominado "Latinoamérica presente", celebrado en la República Federal de Alemania, del 25 de junio al 31 de julio de 1986.

Jefe de la Delegación artístico—musical del Ballet Garífuna Hondureño que participó en el 1er. Festival de Danza y Música Afroamericana celebrado en el paradisíaco balneario de Cancún, México, donde Honduras obtuvo el Primer Lugar. 1976.

Su paso por la Policía de Seguridad Nacional

Es preciso señalar que este ilustre hombre de letras, entre sus responsabilidades más importantes en el sector laboral, figura su paso por la Policía de Seguridad, anexa a la Guardia Civil, durante cerca de cuatro años, con los cargos de Jefe de la Sección de Delitos contra las Personas y la Propiedad y posterior ascenso al Departamento de Inteligencia de la misma Policía, posición en la cual fue sorprendido por el Golpe de Estado al doctor Villeda Morales, el 3 de octubre de 1963.

EN EL DIARISMO HONDUREÑO

Además de su benemérita actividad radiofónica por más de seis décadas, también trabajó con resonante éxito en los diarios El Pueblo —órgano oficial del Partido Liberal—, El Cronista, entonces

Decano de la Prensa Nacional; La Prensa de San Pedro Sula, El Heraldo y La Tribuna; habiendo también laborado en los semanarios Semáforo de Tito Aplícano Mendieta, El Expreso de Joaquín Quesada Martínez e Impacto de Raúl Barnica López, periódicos en los que participó como Jefe de Redacción de los mismos.

Por más de treinta años ocupó la jefatura de relaciones públicas en diferentes instituciones del Estado

En el ínterin, nuestro personaje desempeñó durante más de treinta años delicadas funciones como Jefe de los Departamentos de Relaciones Públicas del Servicio Autónomo Nacional de Acueductos y Alcantarillados (SANAA), durante trece años; en el Ministerio de Cultura y Turismo, ocho años; en la Secretaría de Obras Públicas, Comunicaciones y Transporte, ocho años, y en el Congreso Nacional de la República, dos años; período en el cual robusteció su bagaje intelectual, ya que a través de tales cargos fue cuando tuvo la oportunidad de visitar diferentes países del globo.

FUEGO Y AMETRALLADOS

Mario Hernán recuerda el pavoroso incendio del Cine Hispano de Comayagüela, ocurrido en el mes de abril de 1944, en el que hubo una enorme cantidad de muertos cuyo número nunca se conoció.

También recuerda aquel doloroso 4 de julio de 1944, cuando una multitudinaria manifestación de liberales inundó las calles de la capital pidiendo la dimisión del general Carías del poder político que ostentaba, lo que provocó la cárcel y el exilio de connotadas figuras de ese partido; al siguiente día, los reconocidos líderes del Partido Nacional, General Pedro F. Triminio y doña Petrona Gómez de Gómez, utilizando vehículos, recorrieron las calles de Tegucigalpa y Comayagüela repartiendo dinero a granel para sofocar un poco la intranquilidad que vivía la población en ese momento.

Desde el balcón de su residencia en la calle La Fuente, el general Calixto Carías hizo lo propio ante una gigantesca aglomeración de gente que ávida de necesidades no vaciló en recurrir a las bolsadas de dinero que desde dicho balcón se arrojaban como se dice por allí "a la garduña".

El 6 del mismo mes de julio del citado año, la ciudad de San Pedro Sula se vistió de rojo, pero de sangre de los mártires que cayeron víctima de la metralla de quienes pretendieron sofocar otra manifestación similar a la de Tegucigalpa, en aquella gran ciudad. Triste fecha que permanentemente es rememorada con lujo de detalles, en algunos periódicos del país.

CARRERA EN RADIO

Mario Hernán Ramírez inició su carrera de Comunicador Social en el mes de abril de 1952, cuando apenas Radio Comayagüela tenía dos años de creación.

Ramírez, como la mayoría de sus colegas, empieza su actividad en este apasionante mundo como Locutor Comercial y musicalizador en dicha planta radiofónica, con un espacio de cinco horas que le asignó el Gerente Propietario de la misma, el recordado hombre de radio ingeniero don Humberto Andino Napky.

Dos años tuvieron que transcurrir para que Mario Hernán fuese incorporado al Staff de Prensa de aquella floreciente empresa, quien junto al también periodista Jorge Figueroa Rush y Héctor Godoy, como locutores estelares, asistidos por los comentaristas Raúl Zaldívar Guzmán, Gustavo Cadalso h., Secundino Moncada, Amado R. Pinel, Ballardo Aguiluz Leiva, Emmanuel Jaén y otros destacados hombres de radio de aquella época, fundaron lo que en aquel momento fue el primer radioperiódico nocturno de la capital, con el nombre de Destellos y Comentarios de Actualidad Nacional, en Radio Comayagüela, habiendo permanecido con Figueroa Rush como directores desde 1954 hasta 1959.

EN H.R.N

Permaneció en diferentes períodos con los periodistas Roberto Díaz Lechuga, Gustavo Acosta Mejía, Rodolfo Brevé Martínez y Francisco Morales Cálix.

EN RADIO CENTRO

Luego, Ramírez fue llamado a integrar el equipo de prensa de la naciente Radio Centro, del empresario Manuel Villeda Toledo, quien logró estrenar su emisora con elementos sobresalientes en esta rama.

Dada su popularidad y elevado espíritu de solidaridad, numerosos compañeros de prensa de los más influyentes medios de la época entrevistaron a Mario Hernán, algunos en su residencia y otros en sus lugares de trabajo; entrevistas en las cuales, él se explaya ampliamente; por ejemplo: Diario La Tribuna le dedica

241

cuatro páginas en el suplemento Día 7 de fecha sábado 24 de abril, 2010 reportaje de la licenciada Blanca Moreno con fotografías de Omar Banegas con el título "Mario Hernán Ramírez: periodista de vocación y convicción"

El Heraldo por su parte hizo algo similar, lo mismo La Noticia y parecidos trabajos por la televisión y la radio nacionales e internacionales como los alcanzados por Arturo Pelayo España, la radiodifusión en Iberoamérica Yimber Gaviria, Colombia, Dino Bloise Miami; Buenos Aires, Ángel Gabriel Ramos h., hondureño residente en Madrid, Sergio Iván Vallejo Baca desde París, Francia.

En El Heraldo también fue publicada la sección DON MARIO ME CONTÓ, una serie de artículos escritos por el periodista (y entrañable amigo), Óscar Flores López.

Como periodista fue destacado por su labor en los medios de comunicación, pero como escritor quiere permanecer entre las nuevas generaciones.

Mario Hernán Ramírez, parte de una generación de periodistas autodidactas de los años cincuenta y amante de la lectura, sabe que trascender por ello es una tarea difícil en una sociedad inmersa en las nuevas tecnologías.

Pese a esa realidad, considera que "todo periodista debe dejar algo, una huella para las nuevas generaciones. Se pueden escribir un millón de artículos en los periódicos, pero si no dejas un libro, al solo morir tu nombre, desaparece".

Con su mente lúcida, a sus 83 años de edad, en entrevista con EL HERALDO relata su historia en el periodismo, la cual se remonta al año 1952.

Se desempeñó en el área de las relaciones públicas y ejerció el periodismo escrito en la mayoría de rotativos que se han fundado en el país. Desde El Cronista, fundado en 1913, Diario El Pueblo, Correo del Norte, La Prensa y El Heraldo, éste último el de más reciente fundación en la era moderna.

Indica que fue uno de los primeros reporteros fundadores de EL HERALDO, que estaban bajo la dirección del periodista Francisco Morales.

También incursionó en la televisión y en la radio, entre ellas, Radio Comayagüela y HRN.

Es de los pocos periodistas hondureños que fueron testigo de los grandes acontecimientos que han marcado la historia nacional desde los tiempos del general Tiburcio Carías Andino, quien se perpetuó en el poder por 16 años. Parte de esas vivencias están plasmadas en sus 11 libros, entre ellos "Calendas", "Un poeta y 13 locos", "Don Pepe" y "Gargantas de Oro".

Actuó en dos películas y también fue parte de los fundadores de la Asociación de Prensa Hondureña (APH) y el Colegio de Periodistas de Honduras (CPH).

De su generación se pueden mencionar a Napoleón Mairena Tercero, Nahún Valladares y Gabriel García Ardón, quien falleció recién el viernes pasado.

SATISFACCIÓN

Al entrar en la sala de su vivienda se puede observar decenas de reconocimientos por motivo de su labor periodística. Don Mario tiene todos los galardones que se otorgan a un comunicador en el país, excepto el Álvaro Contreras, el cual dice que "lo sigo esperando".

Se considera un hombre pobre en riqueza material, pues no acumuló riquezas, tampoco pudo comprar carro, según comenta.

Únicamente compró su vivienda y formó a sus 11 hijos, cuatro de ellos procreados con su esposa Elsa, también periodista.

"No dejo herencias económicas, pero sí les dejo una gran herencia que es la dignidad", expresó Ramírez, quien también es un apasionado por la vida y obras del poeta Juan Ramón Molina.

Pese a estar perdiendo su vista, este periodista de generaciones mantiene el entusiasmo y se califica como "un hombre muy feliz".

DE SU AUTORÍA

Mario Hernán ha escrito algunos libros, generalmente orientados a la historia de su país, tema que le apasiona, entre ellos: "Calendas I" "Calendas II", "Calendas III", "Calendas IV", "Calendas V" "Por el mundo infantil", "Escrutando el firmamento", "Don Pepe Barroso un inmigrante cubano con éxito en Honduras" y su obra cumbre hasta el momento, "Gargantas de oro de la radiodifusión hondureña"; agregándose a su producción literaria "Un poeta y trece locos" y "El sabor de la pobreza", "Datos biográficos de la abogada y periodista Magda Argentina Erazo Galo"; "Biografía del periodista Raúl Lanza Valeriano".

En preparación "El Estadista" —obra y vida del doctor y general Miguel Oquelí Bustillo, único ciudadano que en la historia de Honduras ha ocupado los tres poderes del estado y "Tiempos de Gloria"—, que contiene el perfil de la periodista Gloria Ludivina Díaz Acosta quien también descolló como locutora en el amplio sentido del vocablo, en las cabinas de diferentes estaciones de radio en el país y fuera de Honduras.

Pero también es el autor de toda la literatura que se publicó en 1992, con motivo de la Conmemoración del 5.º Centenario del Descubrimiento de América y el 2do. Centenario del Nacimiento del Paladín Centroamericano, General Francisco Morazán, cuyos archivos se encuentran celosamente guardados en la Biblioteca Nacional y una que otra particular.

LA TRIBUNA CUMPLIÓ 40 AÑOS

El tiempo pasa volando. Hace exactamente cuarenta años y parece que ayer hubiese sido, en que vio la luz del mundo la primera edición de lo que hoy día se ha convertido en el Gran Diario de Honduras, o dicho de otra manera, el periódico más influyente de este país: LA TRIBUNA.

Fue fundada el 9 de diciembre de 1976.

Fue bajo la óptica visionaria del maestro Óscar Armando Flores Midence, que tuvo su origen este rotativo, cuyo primer director, un maestro en las artes gráficas, maestro en las aulas de la educación media y universitaria, maestro en el diarismo nacional, que plantó la simiente en la tierra más ubérrima que ha dado como fruto este rotativo, por el cual han desfilado las más prestigiadas firmas de los más connotados hombres de letras del último siglo, comenzando precisamente por su director.

Al hablar de ilustres compatriotas que emborronaron cuartillas para ser insertadas en las páginas de este diario, habrá que traer a cuentas algunos nombres de esos conspicuos hondureños como: Orlando Pineda Contreras, Juan Sierra Fonseca, Enrique Gómez, Edgardo Dumas Rodríguez, Rodolfo Brevé Martínez, Dionisio Ramos Bejarano, Víctor Cáceres Lara, German Allan Padget, Oscar Acosta Zeledón, Hernán Cárcamo Tercero, Mario Orlando Henríquez Girón, Gautama Fonseca Zúniga y otros ínclitos compatriotas, que como Amílcar Santamaría, Raúl Lanza Valeriano, Roberto C. Ordóñez, han dejado indeleblemente el recuerdo de su talento indiscutible, lo que le ha ido dando forma, prestigio e influencia, hasta convertir a LA TRIBUNA en el primer periódico de la República de Honduras, cuarenta años después.

Muchos más hondureños, hombres y mujeres cuyos nombres olvidamos momentáneamente, han enriquecido con sabiduría y perseverancia las planas de este influyente medio de comunicación.

En Honduras, si aun circulara EL CRONISTA, tendríamos un periódico centenario, porque su nacimiento se remonta a 1911, bajo la dirección de dos ciudadanos distinguidos como fueron Adán Canales y Manuel M. Calderón, lamentablemente este periódico desapareció casi a finales del siglo pasado, para darle paso al periodismo moderno, con LA PRENSA a la cabeza, diario que también dirigió con rotundo éxito el fundador de LA TRIBUNA, así como lo hizo en su momento con el órgano oficial del Partido Liberal de Honduras, EL PUEBLO.

Cuando hablamos del fundador de LA TRIBUNA y lo ubicamos en la posición de maestro, es porque ejerció esa noble profesión como un artista de las artes gráficas, porque impartió cátedra en los colegios de educación media durante la primera mitad del pasado siglo, y porque también muchos de los que ahora seguimos al pie de la bandera y cantando el himno solemne del periodismo, fuimos discípulos de este gran hondureño, que también dejó poesía, cuento, y mucho más relacionado con la literatura, por lo que su nombre a medida transcurren los días, se encumbra mucho más.

En la fecha de su lamentable fallecimiento, en 1982, el ilustre Colegio de Periodistas de Honduras, me honró con la noble misión de pronunciar la oración fúnebre de despedida al más allá, al maestro Flores Midence, acto que significó para mi uno de los honores más elevados con que me haya distinguido la intelectualidad nacional.

Su actual director, el ahora macizo capitán de este barco, licenciado Adán Elvir Flores, aprendió de su primer maestro y pariente cercano, el poeta y abogado Felipe Elvir Rojas, los primeros pasos que lo encaminaron al ejercicio pleno de esta profesión, y fue precisamente, en el interior de LA TRIBUNA, donde robusteció y fortaleció el talento heredado de los Elvir Rojas, pues su padre el ilustre pedagogo y abogado Horacio Elvir Rojas, fue también, connotado columnista de este mismo rotativo.

Hoy día, La Tribuna es leída con avidez y entusiasmo por miles de hondureños y de compatriotas que por diversas circunstancias se encuentran fuera del país, pero que buscan en las páginas de la internet, mediante el proceso de digitalización, los últimos acontecimientos del mundo registrados en los anales de LA TRIBUNA. Adán Elvir Flores, aprendió como el mejor la lección del maestro Flores Midence y el periódico crece y se agiganta con el paso del tiempo.

Por supuesto, que el poder detrás del trono, en este caso singular es Carlos Roberto Flores Facussé, dicho sea de paso Ex presidente

Constitucional de la República, e hijo del fundador de este vástago predilecto de la Patria, que es LA TRIBUNA.

Anda por allí circulando una fotografía histórica en la que aparece en el centro don Manuel M. Calderón, padre de las artes gráficas en Honduras y a su lado los periodistas Alejandro Castro h., Carlos Will, Enrique Gómez y por supuesto Oscar A. Flores, así a secas, como le gustaba que se le llamara.

Cuando rememoramos los cuarenta años del nacimiento de LA TRIBUNA, se nos viene a la mente la imagen de don Oscar, departiendo en amenas tertulias que se formaban en el Jardín de Italia y posteriormente en el Marbella, lugares de recreación y de obligada presencia cotidiana para los hombres de la política vernácula, empresarios, poetas, escritores y periodistas que siempre le hacían rueda a este notable hondureño, cuyas charlas y característico humorismo de que hacía gala, lo tornaban un personaje sumamente interesante en cualquier grupo social en el que participaba.

Finalmente, debemos dejar constancia que como político, periodista y abogado, fue demoledor y así como saboreó las mieles del poder, también vomitó las hieles de la incomprensión y el salvajismo de algunos regímenes, que tuvimos la desgracia de soportar el pasado siglo.

Pero hoy, estamos de fiesta, y LA TRIBUNA, lanza en ristre, camina rumbo al centenario y más allá, porque sus actuales conductores siguen sembrando en fértiles terrenos de la juventud pensante, en cuyas manos, en el futuro, sin duda caerá la conducción de este gran periódico.

SE NOS FUE ARTILES, EL PENÚLTIMO GRAN COLOSO DE LA HUELGA DEL 54

Para hablar de Andrés Víctor Artiles, habrá que remontarse a los primeros meses del célebre año de 1954 en los fértiles campos de la Costa Norte de Honduras en donde se escenificó uno de los acontecimientos más grandes de la historia de este país, suceso que fue apoyado por su envergadura por la mayor parte de las naciones del globo y naturalmente el pueblo hondureño que se solidarizó en un ciento por ciento en esa gesta heroica que marcó los inicios de la liberación laboral.

Pues bien, Andrés Víctor Artiles, que recién había celebrado sus noventa años, fue siempre un hombre tranquilo, humilde, solidario y muy patriota, ya que fue uno de los que levantó la bandera del sindicalismo libre en la célebre huelga de los campos bananeros de la Región Norte, en donde las locomotoras callaron sus silbidos, los tractores apagaron sus motores, los barcos de la flota blanca anclaron en los muelles de Honduras y Estados Unidos y las mujeres de los más de cien mil campeños, lanza en ristre, se dedicaron a preparar los alimentos de día y de noche de los huelguistas, que reclamaban justicia y libertad en el desempeño de sus labores.

De esa pléyade o generación de hombres de la talla de Artiles ya solamente queda Céleo Gonzales, para convertirse en una leyenda de este espectacular acontecimiento, que en su momento convirtió a estos hombres en verdaderos héroes, paladines o heraldos de lo que reclamaban, cuando en Honduras las compañías bananeras ponían y quitaban gobiernos a su antojo durante cerca de sesenta años del pasado siglo.

Fue la huelga de 1954 el detonante que rompió las barreras de la esclavitud, a que prácticamente estaban sometidos los campeños, víctimas del barba amarilla y del paludismo, sin que hubiese para ellos señales de mejoramiento económico, a pesar de que las compañías operaban una gran cantidad de negocios como la Cervecería Hondureña, Banco Atlántida, Fábrica de Manteca y Jabón Atlántida, la Fábrica de zapatos Naco y hasta un periódico, muy bueno por cierto, con el nombre de Diario Comercial y comisariatos por doquier.

Pero a pesar de todo lo anteriormente descrito, estas empresas extranjeras pagaban al Estado lo que se les antojaba en materia de impuestos, pues no existía legalmente el Impuesto Sobre la Renta, ni se habían creado los bancos del Estado, especialmente el Banco Central de Honduras, organismo que regula las finanzas de este pequeño gran país, que en ese histórico momento asombró al mundo entero con la valentía, el estoicismo y la resignación con que los protagonistas se mantuvieron alrededor de dos meses en pie de lucha.

Hubo inundaciones, hubo muertos, ya que el gobierno envió tropas para intimidar a los huelguistas, quienes se enardecieron y se revelaron ante aquella determinación gubernamental, lo que provocó enfrentamientos que dieron como resultado la muerte de algunos sindicalistas, entre ellos el profesor Valencia.

Andrés Víctor Artiles, con su característica nobleza y humildad, siempre mantuvo la cordura y como buen componedor instaba a sus compañeros a mantener el orden permanentemente, fue así como andando el tiempo este hombre símbolo de la resistencia laboral en Honduras, llegó a ocupar la Secretaría de Trabajo y Previsión Social en el gobierno del doctor Carlos Roberto Reina; posteriormente, en el régimen del ingeniero Carlos Roberto Flores, fue Embajador de Honduras ante el pueblo y gobierno de la república Dominicana; escribió algunos libros y mantuvo siempre como su consejero profesional al abogado Amado H. Núñez, quien supo guiar sus pasos por la senda del bien.

Nosotros, de tarde en tarde, conversamos con Andrés Víctor en las instalaciones del Centro Comercial Plaza Miraflores, con quien departíamos y hablábamos sobre diferentes temas, siempre vinculados con el quehacer fundamental de los hondureños, específicamente lo relacionado con el sector laboral.

Este hombre que hoy nos ha abandonado, prácticamente ha desaparecido físicamente, pero para inmortalizarse, aunque la ingratitud lo haya querido minimizar, ya que al momento de su fallecimiento, ningún sindicato ni federación ni confederación, ni ningún partido político al cual él perteneció, publicaron una sola línea deplorando tan infausta noticia, que de verdad ha enlutado a la población entera, pues el legado de Andrés Víctor es a perpetuidad, ya que a raíz de sus luchas se logró la legalización del sindicalismo libre, a través del Código del Trabajo, vigente.

Descanse en paz el ilustre desaparecido y que las frescas flores siemprevivas permanezcan intactas en su sepulcro. Ya descansa en paz, querido amigo, que la posteridad te hará justicia.

ESE OFICIO DEL BARBERO

A fígaro se le define en la literatura universal como el protagonista de dos comedias de Pierre-Agustín de Beanmarchais. El Barbero de Sevilla y las Bodas de Fígaro y de sendas óperas inspiradas en ellas, una de Gioachino Rossini y otra de Wolfang Mozart.

Fígaro es un barbero lleno de alegría y de recursos para todo.

En efecto, el barbero es un personaje de enormes recursos para granjearse el cariño y la admiración de sus clientes y demás parroquianos que de tarde en tarde visitan sus sitios de trabajo. Son, por regla general, hombres de gran elocuencia y conocedores de los más íntimos secretos de la sociedad en que viven.

Por algo les arreglan el cabello a miles de paisanos, que en medio del trabajo cuentan sus cuitas y alegrías, sus éxitos y fracasos, etc.

En Tegucigalpa hubo años atrás algunos maestros de la tijera para el cabello que pasaron a la historia por su capacidad profesional.

Por ejemplo quién con un poco más de setenta años no recuerda a don Canuto, aquél querido barbero a domicilio que cobraba veinticinco centavos por cortarle el pelo a los niños y hombres de los años veinte, treinta y cuarenta, de la pasada centuria, y lo más simpático es que don Canuto, que así era su verdadero nombre, amenizaba con su acordeón el trabajo de peluquero.

Don Anastasio Wah Lung, don Carlos Avilés, don Ramón Zúñiga, don Abraham Ramírez y tantos más, son algunos de estos queridos y siempre recordados maestros que conocimos en nuestra ya lejana infancia.

La barbería El Pueblo de don Juan Durón cumplió cincuenta años. Hace algún tiempo su fundador-propietario dejó de existir. Miles de comayagüelas tuvimos la agradable experiencia de ser clientes de don Juan.

Pero el problema es que ahora ya no se están formando barberos en Honduras, sencillamente porque el Código de Trabajo no lo permite, ya que para que alguien llegue a un taller de barbería; en condición de aprendiz; tiene que recibir, además de la enseñanza, un salario diario o mensual y los dueños de estos negocios no están en capacidad de absorber semejante responsabilidad, por lo que las nuevas generaciones no tienen la oportunidad de aprender tan noble y lucrativo oficio.

Todo cambia, ya en Tegucigalpa no es ninguna novedad ver a algunas muchachas al frente de una barbería; cosa que hasta hace poco les estaba vedada a las mujeres, pues se consideraba un trabajo exclusivo para el sexo masculino.

Hace algunos años, damitas de aquella época con capacidad económica para hacerlo, viajaron a México a aprender esta rama de la estética y cuando regresaron, montaron sus exclusivos salones de belleza; recordamos a Lolita Custodio y a Argentina Barahona, que fueron de las primeras graduadas en la ciudad de los palacios, a comienzos de los años cincuenta del pasado siglo y ellas a su vez, formaron escuelas en Tegucigalpa, porque algunas muchachas con vocación para este arte, aprendieron fácilmente con ellas y ahora son propietarias de elegantes salones para el cuidado de la belleza femenina.

Y la cosa no termina así nomás.

Actualmente se trabaja bajo el sistema de UNISEX, o sea que así como arreglan una hermosa cabellera del sexo bello, también incursionan en las frondosas calvas, ovaladas o redondas cabelleras de cualquier ciudadano que desea recibir las caricias de una suave y delicada mano femenina y de esa manera poco a poco, se van desplazando a los hombres de este oficio que por siglos fue de su exclusiva participación.

Quiere decir, pues, que si en realidad el INFOP o cualquier otra institución del Estado, se interesa en preservar las tradiciones y enseñanzas de lo que constituye un buen oficio; ahora tienen la oportunidad de abrir cursos o seminarios para aprendices de barbero en este país, porque de no hacerlo así, por lo menos en Honduras, la mundialmente famosa ópera FÍGARO, dejará de tener algún valor, por cuanto ya los hombres dejarán las tijeras y la navaja, para que sean las hembras quienes se encarguen de realizar tan noble y generoso oficio.

Recuérdese que las escuelas correccionales Camilo R. Reina, de la Policía Nacional y Marcos Carías Reyes de la Penitenciaría Central, que era en donde se formaban barberos que ahora operan en el país, dejaron de existir hace muchos años.

Ya no hay en este país centros para la enseñanza del oficio de barbero, ya que los que aun ejercen esta actividad les cuesta un ojo ya que el mismo lo adquieren a pura vocación en los ahora elegantes centros peluqueros de las grandes ciudades del país.

¿Y LOS MEMBRILLOS QUÉ SE HICIERON?

La hoy floreciente y señorial ciudad de Siguatepeque, antaño punto obligado para pernoctar por los viajeros que de Tegucigalpa iban para San Pedro Sula, está llamada a convertirse en un auténtico polo turístico en un futuro inmediato, no solo por su ubicación geográfica, sino por los grandes atractivos que sus abnegados hijos constantemente le impulsan, pues ahora hasta una enorme fábrica de lo que se denomina maquila, funciona en esa augusta ciudad del altiplano.

Allá por las décadas de los treinta, cuarenta y cincuenta del siglo pasado, Siguatepeque se caracterizaba no solo por las delicias de su exquisito clima, dada la frondosidad de árboles, sobre todo pinos y robles que engalanaron su territorio, sino que también porque en Siguatepeque se fabricaba para la exportación la jalea de membrillo más deliciosa que gringos y europeos y por supuesto nosotros los nacionales, saboreamos en ese lejano tiempo.

Para la exportación la familia Ritinhouse, que eran los dueños de la gran fábrica de esta mermelada, traían del exterior unas cajas de fina madera debidamente higienizadas y homogeneizadas, las que artísticamente presentadas servían para envasar el delicioso producto, que degustó por décadas los paladares de las gentes de antaño. El producto se llamaba Jalea de Membrillo y su consumo tenía sabor a gloria; sencillamente deliciosa.

Ha transcurrido el tiempo y Siguatepeque ha seguido progresando, ampliando su jurisdicción territorial e inyectándole todo género de atractivos para ubicarla como una de las principales comunidades de Honduras.

Pero, la pregunta es, ¿qué se hizo la fruta del membrillo? Con alguna frecuencia hemos estado yendo en lo que va del año a diferentes actos cívico-culturales a esa hospitalaria ciudad, y preguntamos por el membrillo y nadie sabe a estas alturas ni siquiera de qué se trata.

Realmente da lástima que Honduras, otrora poseedora de una rica variedad de árboles y plantas frutales, hoy esté desapareciendo como por arte de magia, ya que también los duraznos, melocotones, ciruela chabacana, matasano, zapotillos, piñuelas y otras especies

257

junto al membrillo han desaparecido, no se encuentran ni con lupa a ningún precio.

Los duraznos, melocotones y ciruelas provenían de la ciudad de La Esperanza, en donde han cambiado esta producción por la de papas, porque posiblemente sea más rentable este tubérculo.

Los herederos de la familia Ritinghouse, nos cuentan que se han dedicado al cultivo de esa fruta llamada "licha" y que en algún lugar de la ciudad hay un museo en el que se encuentra toda la maquinaria y equipo que para la fabricación de la jalea de membrillo se utilizó durante la época señalada.

Aquí en Tegucigalpa, hubo algunas distinguidas damas, que se dedicaban a la fabricación de dulces de diferentes especies como las melcochas, los caramelos y naturalmente la propia jalea de membrillo, habiéndose destacado en este arte culinario, la recordada dama doña Victoria Mejía quien tenía grandes peroles o calderas donde elaboraba este exquisito postre, que también alternaban con las conservas de leche con chocolate, de las conchas de naranja agria, de coco, piña y otros sabores inigualables que nos traen recuerdos inolvidables de nuestra ya lejana infancia como los caramelos de mantequilla que elaboraban Lola Turcios en Comayagüela y Ninfa Gómez en Tegucigalpa.

De los popsicles ni hablar y las paletas de a doce centavos que venían de San Pedro Sula, fabricadas por Míster Bell, ahora cuestan veinticinco lempiras.

En la década de los cuarenta llegaron a Tegucigalpa los fabricantes de los confites Venus, la familia Abudoj procedentes de Chile y se instalaron en la Calle Real de Comayagüela, preparando sabrosos pirulines, moritas, colmenas, bombones y otras ricuras como la carne de dulce. Y a finales de la década misma, vino la primera fábrica de paletas o chupaletas que se denominó Oso Polar y cuyos propietarios Rizo y Gracioso vinieron a desplazar a las de Míster Bell de San Pedro Sula.

En fin, quién de la década de los cuarenta o cincuenta del pasado siglo no recuerda los deliciosos sorbetes de Patachón, un rechoncho español de Galicia, que salió de su patria en 1911 a recorrer el mundo y aquí en Honduras formó familia, para fallecer en El Salvador.

Otro personaje de las delicias de aquel tiempo era Félix Quiñones, con las ricas minutas y exquisitas tostaditas de plátano que vendía con su delantal y su sombrero de ala ancha para protegerse del sol, exactamente frente a la plaza La Merced, en la que hacía negocio, sobre todo, con los estudiantes del Instituto Central y por supuesto los parroquianos que transitaban por esa zona.

ROBERTO ORDÓÑEZ, EL GIGANTE DE LA BONDAD

El prototipo de la solidaridad y la filantropía, personificados en toda su dimensión en este hombre.

La filantropía, el altruismo y la solidaridad se conjugan en una sola expresión humanitaria, que fue la característica principal de este hombre conspicuo que hoy nos abandona y que la sociedad hondureña entera se ha estremecido con la infausta noticia de su desaparecimiento físico.

Nos referimos al empresario y escritor, licenciado Roberto Constantino Ordóñez Larios, hijo predilecto de la fresca y amable ciudad de San Marcos de Colón y por adopción de Tegucigalpa, capital de la república.

No podemos imaginar el dolor inconsolable que sin duda abate el corazón y la mente de quienes fueron sus amados seres, en particular su esposa doña Alicia Fiallos, sus hijos, hermanos y demás familiares que siempre vieron en Roberto al ser querido de cualidades inigualables.

Particularmente, La Tribuna pierde a uno de sus más connotados articulistas, el que cada lunes nos deleitaba con sus brillantes y extraordinarios escritos con sabor al costumbrismo rural, a veces científico, histórico, académico y de otra naturaleza, pues Roberto era un hombre polifacético que dominaba perfectamente todas las áreas del saber humano.

Fue banquero, empresario en otros rubros, agricultor y ganadero por naturaleza, pues desde su infancia lidió con el ganado vacuno y caballar de su amada San Marcos de Colón, pero que él cultivó durante los mejores días de su existencia en el ubérrimo departamento de Olancho, en cuyas pampas sembró maíz, frijoles y otros víveres, cultivó peces de diferentes especies y alternó con la Naturaleza en todas sus facetas.

Roberto C. Ordóñez como se le conocía popularmente, deja un vacío muy difícil de llenar, pues era un hombre lleno de virtudes y méritos que lo hacían destacarse entre los de su género.

Escribió centenares de cuartillas en La Tribuna y otros medios que acogieron con entusiasmo su ardorosa pluma que brillaba con tintes de oro; pero alguien dijo por allí que se pueden escribir veinte mil o acaso cien mil páginas en los más acreditados periódicos del mundo, pero al desaparecer físicamente el autor, su nombre pasa al olvido.

Hay que escribir un libro o dos, o los que se puedan para inmortalizarse, y eso es lo que hizo Roberto, precisamente: Tuvo varios hijos, sembró muchos árboles y escribió algunos libros entre los que destacan "La molenderita" y "El Tayacán", obras que por su elevado contenido fueron precisamente patrocinadas por otro de los grandes paradigmas en el trabajo y la generosidad, como es el licenciado Jorge Bueso Arias, hasta hace poco Presidente por 65 años del prestigiado Banco de Occidente, S.A.

Ambos eran amigos entrañables, porque hablaban el mismo lenguaje, dueños de iguales méritos y virtudes, lo que siempre los distinguió y acrecentó su personalidad dentro del conglomerado hondureño.

Roberto era un amigo intachable, con sus familiares irrepetibles y con la sociedad hondureña incorruptible.

El hombre ya está en brazos del Altísimo y estamos seguros que al colocarlo en la balanza de la justicia, allá en el más allá, pesan más sus hechos tangibles de ciudadano generoso, que como pecador pudo haber tenido a través de su dilatada existencia, se nos ha ido un hombre valiosísimo y valiente, pues a pesar de tener sus preferencias ideológicas, políticamente hablando, al momento de criticar o censurar algo de cualquier gobierno del partido de su predilección, lo hacía en el justo medio de la sobriedad, pues jamás de los jamases fue un fanático de la política vernácula.

Era un escritor notable. Deja, repetimos, una viuda inconsolable y unos hijos excepcionales que fueron educados a la altura de la dimensión de su padre, que siempre pudo llamar al "pan, pan y al vino, vino".

Roberto no tenía pelos en la lengua y es que su condición moral e intelectual le permitían cantarle las verdades a cualquier sujeto, por encumbrada que su posición política o económica, fuera. Por eso es que su partida sin retorno nos ha consternado hasta lo más recóndito de nuestro corazón; independientemente de que fue un hombre que se entregó por entero al servicio de los demás, es decir, de quienes alguna vez tocaron las puertas de su casa en busca del apoyo moral o económico que necesitaban; él siempre estuvo abierto a la solidaridad y por eso a su paso por la vida operó negocios a granel, en los que siempre el éxito le sonrió.

Se nos fue Roberto C. Ordóñez, pero su imagen, su figura austera no se desprenderá de las pupilas de quienes tuvimos el honor de compartir su amistad y hasta cierto parentesco por su adorada esposa Alicia que sigue llorando con sus hijos la ida de su amantísimo esposo.

Hay una enorme cantidad de personas que aparecen en el repertorio de Roberto, sin embargo, nos limitaremos a mencionar a Toñita y a su esposo Chico Santos quienes al igual que los demás familiares cercanos lloran sin consuelo su despedida final.

CONTENIDO

www.ingramcontent.com/pod-product-compliance
Lightning Source LLC
Chambersburg PA
CBHW021713120626
46545CB00004B/1537